AF209262

Thomas Kalkus-Promitzer

Systemische Gespräche führen

Handbuch für professionelle Kommunikator:innen

Akademie Kalkus, Band 4

Impressum

Bibliografische Information der Deutschen Nationalbibliothek: Die Deutsche Nationalbibliothek verzeichnet diese Publikation in der Deutschen Nationalbibliografie; detaillierte bibliografische Daten sind im Internet über http://dnb.dnb.de abrufbar.

Verlag: BoD · Books on Demand GmbH, Überseering 33, 22297 Hamburg, bod@bod.de

Druck: Libri Plureos GmbH, Friedensallee 273, 22763 Hamburg

ISBN: 978-3-7597-4920-8

Inhaltsverzeichnis

I

Einleitung

Kommunikation ist der Schlüssel zu jeder erfolgreichen Interaktion, sei es im Beruf, in der Familie oder in alltäglichen Gesprächen. Doch Kommunikation ist viel mehr als nur das, was wir sagen. Oft sind es gerade die Dinge, die zwischen den Zeilen mitschwingen, die das Gespräch wirklich spannend und bedeutungsvoll machen. Dieses Buch möchte dir helfen, genau diese „Zwischen-den-Zeilen"-Botschaften wahrzunehmen und deine Fähigkeit zur systemischen Gesprächsführung zu erweitern - ob im beruflichen Kontext, in Beratungsgesprächen oder auch in privaten Situationen.

Vielleicht kennst du das: Ein Gespräch läuft und du hörst deinem Gegenüber zu, aber da ist noch mehr. Du spürst die Emotionen hinter den Worten, erkennst, dass es zwischen den Aussagen gewisse Spannungen gibt, oder vielleicht merkst du, dass dein:e Gesprächspartner:in etwas anderes meint, als er:sie sagt. Genau darum geht es in der systemischen Gesprächsführung: Um das, was gesagt wird, aber auch um das, was nicht ausgesprochen wird. Um die unausgesprochenen Gefühle, die Bedürfnisse, die vielleicht nicht direkt zur Sprache kommen. Und hier setzt dieses Buch an: Es geht darum, dir Techniken an die Hand zu geben, mit denen du in deinen Gesprächen tiefere Ebenen erreichen kannst.

Systemische Gesprächsführung bedeutet, dass du deine:n Gesprächspartner:in als Expert:in für die eigene Situation anerkennst. Du versuchst nicht, Lösungen vorzuschreiben, sondern dabei zu helfen, eigene Lösungen zu entdecken. Durch gezielte Fragetechniken kannst du das Gespräch in eine produktive Richtung lenken und ermöglichen, dass unbewusste Ressourcen aktiviert werden, die deinem Gegenüber vielleicht noch gar nicht bewusst sind. Du wirst lernen, wie du mit einfachen, aber sehr wirkungsvollen Fragen neue Perspektiven eröffnen kannst - Fragen, die nicht nur den Inhalt des Gesprächs betreffen, sondern vor allem den Blickwinkel deiner Gesprächspartner:innen erweitern.

In diesem Buch wirst du nicht nur lernen, wie du „zwischen den Zeilen" hörst, sondern auch, wie du das Gespräch aktiv gestalten kannst, ohne zu dominieren oder zu lenken. Stattdessen begleitest du deine Gesprächs-partner:innen in ihrer eigenen Entdeckung. Dabei spielen Techniken wie das Spiegeln, Zusammenfassen und Validieren eine große Rolle. Du wirst lernen, wie du diese Methoden so einsetzt, dass du Vertrauen aufbaust und gleichzeitig ein tieferes Verständnis für das bekommst, was wirklich im Gespräch vor sich geht. Denn manchmal sind es genau diese kleinen, unbewussten Momente, die das Gespräch verändern und deinem Gegen-über helfen, sich selbst neu zu entdecken.

Ein weiteres großes Thema in diesem Buch ist der Umgang mit schwieri-gen Gesprächssituationen. Widerstände, Schweigen oder auch proji-zierte Emotionen gehören zu den Herausforderungen, die in jeder Art von Kommunikation auftauchen können. Doch anstatt diese Momente als „Probleme" zu sehen, lernst du, sie als Chancen zu begreifen. In sol-chen Momenten kannst du oft den größten Fortschritt machen, wenn du in der Lage bist, ruhig zu bleiben, zuzuhören und mit einem offenen Her-zen zu reagieren. Es geht darum, auch in schwierigen Gesprächen eine Lösung zu finden, die für alle Beteiligten sinnvoll ist.

Dieses Buch richtet sich an alle, die ihre kommunikativen Fähigkeiten aus-bauen möchten - sei es als Berater:in, Therapeut:in, Führungskraft oder auch als Verkäufer:in. Denn systemische Gesprächsführung ist nicht nur in der psychosozialen Beratung wichtig, sondern auch in vielen anderen Bereichen, in denen Menschen miteinander kommunizieren. Ob im Beruf oder im persönlichen Umfeld - die Fähigkeit, empathisch und lösungsori-entiert zu kommunizieren, ist ein entscheidender Faktor für den Erfolg und für die Qualität deiner Beziehungen.

Ich lade dich ein, gemeinsam mit mir in die Welt der systemischen Ge-sprächsführung einzutauchen. Lass uns gemeinsam entdecken, wie wir durch Achtsamkeit, Empathie und gezielte Fragestellungen tiefere Ge-spräche führen können, die nicht nur zu besseren Lösungen führen, son-dern auch zu mehr Verständnis und Vertrauen. Ich hoffe, dieses Buch in-spiriert dich, neue Wege in deiner Kommunikation zu gehen - mit einem klareren Blick und einem offenen Herzen in deine Gespräche zu treten.

Worte, die wirken

Manche Gespräche bleiben haften. Sie wirken nach, lange nachdem sie zu Ende sind. Sie begleiten uns in Gedanken, tauchen unvermittelt wieder auf, manchmal sogar Jahre später. Es sind diese besonderen Momente im Austausch zwischen Menschen, in denen plötzlich etwas in Bewegung gerät. Eine neue Sichtweise entsteht, ein innerer Knoten löst sich, ein erster Schritt wird möglich. Wer in der psychosozialen Beratung tätig ist, kennt diese Erfahrung gut. Es sind stille, aber kraftvolle Augenblicke. Gespräche können zu Wendepunkten werden. Und manchmal braucht es dafür nur einen einzigen Satz.

In der täglichen Praxis sind es jedoch nicht nur die großen, augenscheinlichen Durchbrüche, die zählen. Oft sind es die kleinen Impulse, die scheinbar beiläufigen Fragen, die stillen Bestätigungen, die langfristig ihre Wirkung entfalten. Systemische Gespräche entfalten ihre Kraft nicht durch Dramatisches oder Spektakuläres, sondern durch die Art, wie wir Beziehung gestalten, wie wir unsere Sprache wählen und welche Haltung wir in jeder Begegnung einnehmen.

Systemisches Arbeiten ist keine Technik, die man anwenden kann wie ein Rezept. Es ist auch kein Set aus Werkzeugen, das man beliebig einsetzt. Systemisches Arbeiten ist in erster Linie eine Haltung. Eine Art, die Welt zu betrachten. Eine Haltung, die davon ausgeht, dass Menschen nicht isoliert betrachtet werden können, sondern immer im Zusammenhang mit den Beziehungen, Systemen und Bedeutungen stehen, in denen sie leben. Und es ist eine Haltung, die das Gegenüber nicht als Problemträger:in sieht, sondern als Expert:in für das eigene Leben. Diese Haltung durchzieht jedes Gespräch. Sie ist spürbar, auch wenn sie nicht ausgesprochen wird.

Ein systemisches Gespräch beginnt nicht mit einer Frage, sondern mit der inneren Bereitschaft, dem anderen Menschen wirklich zu begegnen. Es beginnt mit dem bewussten Zurücktreten der eigenen Meinungen und mit dem aufrichtigen Interesse daran, wie das Gegenüber die Welt erlebt. Es beginnt mit der Achtung vor der Unterschiedlichkeit von Sichtweisen und mit dem Mut, nicht sofort zu wissen, wie es weitergeht. In einer Zeit, in der schnelle Lösungen und klare Antworten oft erwartet werden, wirkt diese Form des Arbeitens fast wie ein stiller Gegenentwurf. Sie lädt dazu ein, offen zu bleiben. Zu beobachten, zu hören, zu spüren, bevor man handelt. Und manchmal auch einfach dazubleiben, ohne sofort etwas tun zu müssen.

Dieses Buch ist eine Einladung, dich auf diese Haltung einzulassen. Es will kein Handbuch im klassischen Sinne sein, das Methoden von A bis Z durchdekliniert. Es versteht sich vielmehr als Begleiter. Es soll dich dazu anregen, über deine eigene Art zu sprechen nachzudenken. Es soll dir helfen, deine Sprache bewusster zu wählen, deine Fragen achtsamer zu stellen, deine Präsenz im Gespräch zu schärfen. Und es will dir zeigen, dass systemisches Arbeiten nicht abstrakt oder kompliziert sein muss. Es ist im Kern sehr menschlich, sehr lebensnah und sehr konkret.

Du findest in diesem Buch viele Impulse, die du in deiner Praxis unmittelbar anwenden kannst. Fragen, Formulierungen, Gesprächsansätze, Mini-Interventionen, Reflexionsanregungen. Du wirst auch Beispiele aus der Praxis lesen. Nicht als Blaupausen, sondern als Inspiration. Es geht nicht darum, jemandem nachzueifern. Es geht darum, deinen eigenen Stil zu entwickeln. Deine eigene Art zu finden, systemisch zu sprechen und zu begleiten. Und genau dafür brauchst du kein großes Repertoire an Techniken. Du brauchst vor allem Bewusstheit, Beziehungskompetenz und die Bereitschaft, dich selbst als Teil des Systems zu begreifen, in dem das Gespräch stattfindet.

Vielleicht arbeitest du schon lange als Berater:in oder Supervisor:in. Vielleicht bist du am Anfang deines Weges. Vielleicht kennst du systemisches Denken bereits gut oder bist gerade erst damit in Berührung gekommen. Dieses Buch ist offen für all das. Es will nicht belehren, sondern gemeinsam mit dir erkunden. Es stellt Fragen, auch an dich. Es gibt Impulse, die du weiterdenken kannst. Und es schenkt dir eine Vielzahl an Möglichkeiten, deine Gesprächsführung zu vertiefen und zu erweitern.

Wenn wir systemisch arbeiten, vertrauen wir darauf, dass Veränderung nicht durch Ratschläge entsteht, sondern durch neue Bedeutungen. Wir glauben nicht, dass wir die Wahrheit über jemandes Leben kennen, sondern dass jede Perspektive ein Ausschnitt ist. Wir sind neugierig auf die Unterschiede, die einen Unterschied machen. Und wir geben dem, was oft übersehen wird, eine Stimme. Das bedeutet auch, mit Sprache achtsam umzugehen. Denn Sprache schafft Realität. Die Art, wie wir sprechen, formt die Wahrnehmung unserer Gesprächspartner:innen. Und unsere Fragen sind niemals neutral. Sie lenken Aufmerksamkeit, sie erzeugen Resonanz, sie eröffnen Möglichkeiten. Darum ist es so wesentlich, sich dieser Wirkung bewusst zu sein.

Ein systemisches Gespräch ist wie ein gemeinsames Erkunden eines unbekannten Geländes. Es gibt keine Karte, die schon alle Wege vorgibt. Es gibt vielleicht Spuren, Hinweise, Wegmarken. Aber der eigentliche Weg entsteht im Gehen. Und er wird von beiden gestaltet, von der Person, die sich begleiten lässt, ebenso wie von dir als Gesprächspartner:in. Diese Begegnung ist ein gemeinsames Unterwegssein, das auf Vertrauen, Achtsamkeit und auf einer guten Portion Demut beruht.

In diesem Buch wirst du viele Fragen finden. Manche wirst du vielleicht schon kennen. Andere wirst du neu entdecken. Es geht nicht darum, möglichst viele Fragen zu sammeln, sondern darum, jene Fragen zu finden, die wirklich passen. Zu dir, zur Situation, zum Menschen dir gegenüber. Und manchmal ist es gerade das Weglassen einer Frage, das die Tür zu einem wichtigen Moment öffnet.

Systemische Gesprächsführung bedeutet auch, dich selbst immer wieder mit einzubeziehen. Du bist nicht außerhalb des Systems. Du bist Teil der Beziehung, Teil der Kommunikation, Teil des Geschehens. Und genau deshalb ist Selbstreflexion so zentral. In jedem Kapitel wirst du Impulse finden, die dich einladen, nicht nur fachlich, sondern auch persönlich in den Dialog mit dir selbst zu treten. Welche Muster erkennst du? Welche Sprache verwendest du oft? Was fällt dir leicht, was fällt dir schwer? Welche inneren Haltungen nimmst du bewusst ein und welche wirken vielleicht im Hintergrund?

Dieses Buch soll dir kein fertiges Konzept in die Hand geben. Es will dich einladen, deine eigene Professionalität weiterzuentwickeln. Mit einer Sprache, die verbindet statt trennt. Mit einer Haltung, die ermöglicht statt bewertet. Mit einer Präsenz, die Raum gibt statt eng macht. Und mit der Bereitschaft, jeden Menschen als ein einmaliges System zu sehen, das neue Wege gehen kann, wenn es gesehen, gehört und verstanden wird.

Lass dich ein auf dieses Erkunden. Lass dich inspirieren, auch irritieren. Probiere aus. Verwerfe wieder. Finde deinen Stil. Und vor allem: bleib im Gespräch. Mit dir selbst, mit deinen Kolleg:innen, mit deinen Klient:innen. Denn am Ende sind es die Gespräche, die uns verbinden. Die Begegnungen, die uns berühren. Die Worte, die wirklich wirken.

Die Grundhaltung im systemischen Gespräch

Ein Gespräch beginnt nicht erst mit dem ersten gesprochenen Wort. Es beginnt mit dem, was davor liegt. Mit dem inneren Zustand, mit dem, was ich über mein Gegenüber denke, mit dem, wie ich mich selbst in dieser Begegnung verorte. In der systemischen Beratung ist diese Grundhaltung keine bloße Vorbereitung. Sie ist das eigentliche Fundament. Bevor ich überhaupt frage, bevor ich zuhöre, bevor ich Impulse gebe, bin ich da. Und wie ich da bin, macht einen Unterschied. Haltung ist mehr als eine Einstellung. Sie ist eine innere Ausrichtung, die spürbar wird. Sie prägt jede Geste, jeden Tonfall, jede Frage, jeden Blickkontakt, jede Pause.

In der systemischen Praxis gehen wir davon aus, dass jedes Verhalten Sinn macht. Auch dann, wenn er sich uns nicht sofort erschließt. Jeder Mensch bewegt sich in einem Geflecht aus Beziehungen, Erfahrungen, Erzählungen, Glaubenssätzen und Bedeutungen. Menschen handeln nicht im luftleeren Raum, sondern immer innerhalb von Systemen, in denen sie bestimmte Rollen einnehmen, Erwartungen erfüllen oder vermeiden, Grenzen verteidigen oder sich anpassen. Systemisch zu denken bedeutet, all diese Kontexte mitzudenken, ohne sich in ihnen zu verlieren. Es bedeutet, nicht nur auf das zu schauen, was unmittelbar sichtbar ist, sondern auch auf das, was im Hintergrund wirkt. Die Sprache, die nicht gesprochen wird. Die Geschichte, die mitschwingt. Die Erlebnisse, die in der Haltung eines Menschen gespeichert sind.

Diese Grundhaltung zeigt sich im Gespräch oft ganz unspektakulär. Sie wird nicht erklärt, sondern sie wird erlebbar. Wenn jemand sagt, dass er nicht mehr weiterweiß, reagieren wir nicht sofort mit Lösungsvorschlägen. Wir halten inne. Wir hören zu. Wir würdigen die Schwere dieses Satzes. Vielleicht fragen wir, wie es sich anfühlt, nicht weiterzuwissen. Wie sich das im Körper zeigt. Welche Bilder entstehen. Vielleicht fragen wir, ob es schon einmal Momente gab, in denen das Gefühl sich verändert hat. Oder wir bleiben einfach still, geben dem Satz Raum, lassen ihn wirken. Auch das ist Haltung.

Respekt ist ein zentrales Element systemischer Grundhaltung. Gemeint ist kein höflicher Abstand, sondern ein tiefes Ernstnehmen der Person, die uns gegenübersitzt. Wir sehen in ihr nicht ein zu lösendes Problem, sondern eine Person mit Fähigkeiten, mit Geschichte, mit Deutungsmustern, mit Ressourcen. Die Klientin oder der Klient ist nicht passiv. Sie oder er ist aktiv beteiligt am eigenen Veränderungsprozess. Wir trauen dem Gegenüber zu, die eigene Lösung zu finden. Und wir bleiben dabei nicht neutral im Sinne von gleichgültig. Unsere Haltung ist beteiligt, aber nicht bevormundend. Offen, aber nicht beliebig. Wach, aber nicht wertend.

Ein wichtiger Aspekt dieser Haltung ist das systemische Nichtwissen. Es ist ein aktives Nichtwissen. Nicht aus Unkenntnis, sondern aus der bewussten Entscheidung heraus, sich nicht vorschnell festzulegen. Wir widerstehen der Versuchung, die Wirklichkeit des anderen zu interpretieren. Stattdessen stellen wir Fragen, die zum Nachdenken anregen. Fragen, die neue Sichtweisen ermöglichen. Fragen, die helfen, die eigenen Bedeutungen zu erkennen und gegebenenfalls zu verändern. Dieses Nichtwissen ist eine Haltung der Demut. Sie anerkennt, dass ich niemals alles über das Leben meines Gegenübers wissen kann. Sie schützt vor vorschnellen Diagnosen, vor vereinnahmenden Zuschreibungen, vor unbewussten Machtspielen.

In der Praxis kann das bedeuten, dass ich mich immer wieder zurücknehme. Dass ich nicht sofort reagiere, wenn mir eine passende Erklärung einfällt. Dass ich überprüfe, ob meine Intervention wirklich aus dem Gespräch heraus entsteht oder ob sie einem inneren Bedürfnis folgt, hilfreich zu sein. Eine Klientin erzählt von wiederkehrenden Streitigkeiten mit ihrem Partner. Ich könnte ihr raten, Grenzen zu setzen, ein klärendes Gespräch zu führen oder sich Unterstützung zu holen. Aber vielleicht ist es hilfreicher zu fragen, was diese Streitigkeiten in ihr auslösen. Was sie über ihre Beziehung aussagen. Was sie sich wünschen würde, wenn es nicht um die Konflikte ginge, sondern um das, was dahinter liegt. Vielleicht erzählen die Konflikte von einem Bedürfnis nach Nähe, nach Gesehenwerden, nach Resonanz. Vielleicht erzählt der Rückzug des Partners von Überforderung. Vielleicht auch nicht. Systemische Gesprächsführung bedeutet, all das offen zu halten.

Auch unsere Sprache ist Ausdruck unserer Haltung. Sie wirkt. Und sie wirkt oft stärker, als uns bewusst ist. Wenn wir problemorientiert sprechen, stärken wir Probleme. Wenn wir ressourcenorientiert sprechen, stärken wir Möglichkeiten. Eine einfache Formulierung wie „Was fehlt Ihnen?" legt den Fokus auf Mangel. Die Frage „Was wünschen Sie sich stattdessen?" öffnet einen anderen Raum. Sie richtet sich auf Zukunft, auf Gestaltung, auf Handlung. Unsere Wortwahl entscheidet mit, welche Realität im Gespräch entsteht. Deshalb ist es wichtig, achtsam mit Sprache umzugehen. Nicht, um sprachlich perfekt zu sein, sondern um Wirkung zu entfalten.

Ein zentrales Prinzip systemischer Gesprächsführung ist die Kontextsensibilität. Menschen bringen nicht nur ihre Themen mit, sondern auch ihre kulturellen, sozialen und familiären Prägungen. Wer systemisch denkt, stellt nicht nur Fragen, sondern achtet auch auf die Bedeutungsrahmen, in denen sich diese Fragen bewegen. Ein Vater, der sich für seine Kinder aufopfert, tut dies vielleicht aus einem tiefen Loyalitätsgefühl gegenüber seiner eigenen Erziehung. Eine Frau, die beruflich keinen Erfolg hat, bewegt sich vielleicht in einem sozialen Umfeld, das von anderen Maßstäben geprägt ist. Es reicht nicht, einzelne Aussagen zu analysieren. Wir müssen auch das Umfeld verstehen, in dem diese Aussagen Sinn machen.

Ein systemisches Gespräch ist nie ein Monolog in Form von Beratung. Es ist immer ein dialogischer Prozess. Es lebt vom Mitdenken, Mitfühlen, Mitfragen. Es lebt davon, dass beide Seiten bereit sind, sich zu zeigen. Natürlich nicht im Sinne einer Selbsteröffnung durch die beratende Person, sondern im Sinne einer präsenten, wahrnehmbaren Beziehungsgestaltung. Die eigene Persönlichkeit ist dabei kein Hindernis, sondern ein Teil des Instruments. Wer systemisch arbeitet, braucht keine Maske der Professionalität. Er oder sie braucht eine bewusste, reflektierte, präsente Haltung. Und diese Haltung ist nicht konstant, sondern immer wieder neu auszutarieren.

Ein weiteres Element der systemischen Grundhaltung ist die Ressourcenorientierung. Wir gehen davon aus, dass Menschen nicht nur Schwierigkeiten haben, sondern auch Fähigkeiten. Auch wenn sie gerade nicht zugänglich erscheinen. Auch wenn das Gegenüber sagt, dass alles ausweglos ist, dass nichts mehr hilft, dass die Kraft fehlt. Auch dann stellen wir die Frage, was trotzdem noch gelingt. Wann es Momente gibt, in denen es ein wenig leichter ist. Wer oder was unterstützt. Welche Fähigkeiten in anderen schwierigen Phasen geholfen haben. Wir halten diese Fragen nicht gegen das Erleben der Person, sondern stellen sie als Einladung zur Verbindung mit etwas Stärkendem.

Ein kurzer Gesprächsauszug dazu: Eine Klientin sagt, sie fühle sich erschöpft und leer. Ich frage nicht, wie lange das schon so ist. Ich frage, was sie in solchen Momenten sonst getan hat, um mit dieser Erschöpfung umzugehen. Ich frage, ob es Situationen gibt, in denen sie sich etwas leichter fühlt. Ich frage, wer in ihrem Leben an sie glaubt. Und irgendwann sagt sie, dass sie manchmal abends im Bett ihrem Hund die Ohren streichelt, und dass das ein Moment ist, in dem sie für einen kurzen Augenblick alles vergisst. Und dieser Moment ist der Anfang. Von hier aus kann Neues entstehen. Nicht, weil ich eine Methode angewendet habe, sondern weil ich zugehört habe und eine Verbindung hergestellt wurde.

Systemische Haltung bedeutet auch, mit Ambivalenz leben zu können. Nicht alles muss sofort geklärt werden. Nicht jede Frage muss beantwortet werden. Manchmal ist es hilfreich, ein Thema stehen zu lassen. Manchmal ist es sinnvoll, das Unerklärliche nicht zu erklären. Manchmal ist es heilsam, einfach zu sagen: Ich höre, dass Sie nicht wissen, wie es weitergehen soll. Und ich bin da. Und ich bleibe da. Dieses Bleiben ist keine Untätigkeit. Es ist ein aktives Da-Sein. Ein Mitgehen, ohne zu führen. Ein Mittragen, ohne zu lenken. Und genau darin liegt oft die tiefste Wirkung.

Reflexionsfragen

- Welche Situationen in deiner Beratungspraxis fordern deine Grundhaltung besonders heraus?
- Wie gehst du damit um, wenn du merkst, dass du eine Lösung bevorzugst?
- Was bedeutet es für dich, im Gespräch wirklich offen zu bleiben?

- Welche Rolle spielt dein eigenes Menschenbild in der Art, wie du Gespräche führst?
- Wie präsent bist du im Gespräch mit dir selbst?
- Welche Sprache verwendest du, und was bewirkt sie in deinem Gegenüber?
- Wo und wann gelingt es dir, in echten Kontakt zu treten?
- Welche deiner Fragen dienen der Klientin oder dem Klienten, und welche eher deiner eigenen Orientierung?

Systemische Gesprächsführung basiert auf einer Haltung, die sich durch Respekt, Offenheit, Nichtwissen, Ressourcenorientierung und Kontextsensibilität auszeichnet. Diese Haltung ist nicht bloßes Konzept, sondern gelebte Praxis. Sie zeigt sich in Sprache, in Beziehung, in Präsenz. Wer systemisch arbeitet, stellt nicht in erster Linie Fragen, sondern öffnet Räume. Räume, in denen sich Menschen selbst begegnen, in denen neue Bedeutungen entstehen können, in denen Veränderung möglich wird. Die systemische Grundhaltung ist keine Technik, sondern eine innere Haltung, die sich immer wieder neu überprüfen und entwickeln lässt. Sie ist das Fundament für jede Form von gelingender Gesprächsführung in der psychosozialen Praxis.

Beziehung als Basis

Systemische Gespräche leben von Beziehung. Sie sind mehr als ein Austausch von Worten. Sie sind getragen von der Qualität der Verbindung, die zwischen zwei Menschen entsteht. Diese Verbindung ist nicht beliebig. Sie ist nicht automatisch gegeben, nur weil zwei Personen sich gegenübersitzen. Sie entsteht durch Haltung, durch Aufmerksamkeit, durch Resonanz. Ohne eine tragfähige Beziehungsebene bleibt jedes Gespräch an der Oberfläche. Ohne Beziehung bleibt selbst die klügste Frage wirkungslos. Beziehung ist das Fundament, auf dem systemisches Arbeiten überhaupt erst möglich wird.

Wer in der psychosozialen Praxis tätig ist, weiß, dass Beziehung nicht einfach vorhanden ist, sondern aufgebaut und gepflegt werden muss. Sie entsteht nicht durch Technik, sondern durch Präsenz. Durch echtes Interesse, durch ein aufrichtiges Dasein. Es geht darum, gesehen zu werden, ohne bewertet zu werden. Es geht darum, gehört zu werden, ohne sich rechtfertigen zu müssen. Es geht darum, spüren zu dürfen, dass da jemand ist, der mitgeht, der aushält, der nicht ausweicht. Genau diese Erfahrung ist es, die Menschen oft zum ersten Mal im beraterischen Setting machen. Dass ihnen jemand mit voller Aufmerksamkeit begegnet. Dass sie nicht reduziert werden auf ihr Problem, sondern in ihrer Ganzheit wahrgenommen werden.

Beziehung im systemischen Sinne ist nicht therapeutische Nähe im klassischen Sinn. Sie ist professionell, bewusst gestaltet, transparent. Und dennoch ist sie menschlich. Sie ist geprägt von Wärme, von Zugewandtheit, von einem Gleichgewicht aus Nähe und Distanz. Dieses Gleichgewicht zu finden ist eine der zentralen Aufgaben in jeder beraterischen Beziehung. Zu viel Nähe kann überfordernd wirken. Zu viel Distanz kann kalt und ablehnend wirken. Die Kunst besteht darin, die passende Dosis zu finden. Und diese Dosis ist nicht statisch, sondern in jedem Gespräch neu auszutarieren.

Ein Klient betritt den Raum, bleibt an der Tür stehen und wirkt abwartend. Ich bleibe sitzen, lächle und sage ruhig: Nehmen Sie sich Zeit. Wir haben keinen Druck. Diese einfache Geste kann bereits Beziehung herstellen. Sie signalisiert, dass ich nichts erwarte, dass ich bereit bin, dem Tempo des anderen zu folgen. Beziehung zeigt sich in solchen Details. In der Art, wie ich begrüße, wie ich Raum gebe, wie ich mit Stille umgehe. Auch in der Art, wie ich mit Fehlern umgehe. Wenn ich mich verspreche, darf ich darüber schmunzeln. Wenn ich etwas nicht verstanden habe, frage ich nach. Diese Authentizität wirkt verbindend. Sie macht mich nicht unprofessionell, sondern menschlich.

Beziehung zeigt sich auch darin, wie ich mit Gefühlen umgehe. Wenn eine Klientin im Gespräch weint, halte ich das nicht für einen Ausdruck von Schwäche, sondern für eine Form der Öffnung. Ich kommentiere es nicht sofort, ich bewerte es nicht, ich lasse es einfach zu. Manchmal ist es gerade diese stille Akzeptanz, die Beziehung vertieft. Zu zeigen, dass auch das Weinen, das Schweigen, das Zögern Platz haben darf. Dass niemand sich verstellen muss. Dass nichts peinlich ist. Diese Botschaft wirkt oft stärker als viele gutgemeinte Worte.

Systemisch arbeiten heißt, die Beziehung als dynamisches Geschehen zu begreifen. Sie ist keine Einbahnstraße. Sie entsteht in der Interaktion. Und sie wird von beiden Seiten mitgestaltet. Auch ich als Berater bin Teil dieses Prozesses. Ich bringe mich ein, mit meiner Art zu sein, mit meiner Stimme, mit meinem Blick, mit meiner Geschichte. Natürlich geht es nicht um Selbstdarstellung. Aber es geht darum, sichtbar zu sein. Greifbar zu sein. Menschen merken sehr schnell, ob ihnen jemand ehrlich begegnet oder ob jemand eine Rolle spielt. Beziehung braucht Authentizität.

In der systemischen Gesprächsführung sprechen wir von der Idee der Ko-Konstruktion. Das bedeutet, dass Wirklichkeit im Gespräch gemeinsam gestaltet wird. Die Beziehung ist also nicht nur Voraussetzung für Veränderung, sie ist selbst schon Teil des Veränderungsprozesses. Wenn ich meinem Gegenüber mit echtem Respekt begegne, verändere ich bereits etwas. Ich ermögliche eine Erfahrung, die vielleicht bisher gefehlt hat. Ich ermögliche die Erfahrung, dass jemand zuhört, ohne zu bewerten. Dass jemand da ist, ohne zu kontrollieren. Dass jemand nachfragt, ohne zu bohren. Diese Erfahrung kann tiefgreifender sein als viele Ratschläge.

Ein konkreter Gesprächsauszug: Ein Mann in mittleren Jahren sagt im Erstgespräch, er sei nur gekommen, weil seine Frau ihn gedrängt habe. Ich könnte mich nun bemühen, ihn vom Sinn der Beratung zu überzeugen. Oder ich sage: Es klingt so, als hätten Sie sich selbst noch nicht ganz entschieden, ob Sie hier sein wollen. Wollen wir gemeinsam schauen, ob dieses Gespräch heute für Sie von Nutzen sein kann? Allein diese Formulierung drückt Beziehung aus. Sie lässt Raum. Sie respektiert die Autonomie des Gegenübers. Sie signalisiert, dass ich nichts erzwingen möchte. Und oft passiert genau in solchen Momenten ein innerer Wechsel. Der Mann sagt: Gut, dann schauen wir mal. Und er setzt sich.

Beziehung bedeutet auch, Irritationen nicht zu scheuen. Wenn ich spüre, dass eine Aussage nicht stimmig ist, darf ich das ansprechen. Aber nicht konfrontativ, sondern als Resonanz. Ich könnte sagen: Ich merke, dass ich gerade unsicher werde, wie ich Sie verstehe. Oder: Es klingt für mich, als ob da etwas im Hintergrund mitschwingt, das wir noch nicht benannt haben. Diese Art des Ansprechens kann Beziehung vertiefen. Sie zeigt, dass ich wirklich zuhöre. Dass ich nicht nur Inhalte wahrnehme, sondern auch Zwischentöne. Dass ich präsent bin. Und dass ich bereit bin, auch das Unklare mitzutragen.

Beziehung zeigt sich auch im Umgang mit Grenzen. Ich darf meine eigenen Grenzen benennen, wenn ich spüre, dass etwas zu schnell geht, zu nah kommt oder zu weit führt. Und ich darf die Grenzen des Gegenübers achten. Wenn jemand ein Thema nicht ansprechen möchte, ist das zu respektieren. Systemische Gespräche zwingen niemanden zur Offenheit. Sie laden ein, aber sie überlassen die Entscheidung immer dem Gegenüber. Diese Freiwilligkeit ist ein Grundpfeiler einer tragfähigen Beziehung.

Manchmal sind es gerade die kleinen Gesten, die Beziehung stärken. Ein freundlicher Blick beim Abschied. Eine kurze Erinnerung an etwas, das im letzten Gespräch wichtig war. Ein Nachfragen, das zeigt: Ich habe dich nicht vergessen. Ich habe dich wirklich gehört. Beziehung entsteht nicht durch große Worte, sondern durch kleine Zeichen von Aufmerksamkeit.

Und diese Aufmerksamkeit kann nicht gespielt werden. Sie muss echt sein.

Systemische Gesprächsführung bedeutet, sich selbst als Teil des Systems zu begreifen. Ich bin nicht außerhalb des Geschehens, ich bin mittendrin. Und meine Art zu sein beeinflusst das Gespräch. Deshalb ist Selbsterfahrung so wichtig. Ich muss wissen, welche Themen mich besonders berühren. Ich muss erkennen, wo ich in Resonanz gehe, wo ich möglicherweise unbewusst steuere. Nur dann kann ich bewusst gestalten. Nur dann kann ich Beziehung auf eine Weise ermöglichen, die professionell und gleichzeitig menschlich ist. Besonders in schwierigen Gesprächen zeigt sich die Qualität der Beziehung. Wenn jemand abwehrend reagiert, wenn es zu Spannungen kommt, wenn Emotionen aufbrechen, ist die Beziehungsebene entscheidend. Nicht die Methode entscheidet über den Verlauf des Gesprächs, sondern die Art, wie ich die Beziehung halte. Wenn ich ruhig bleibe, klar bleibe, wertschätzend bleibe, kann sich das Gespräch wieder stabilisieren. Wenn ich dagegen selbst in die Abwehr gehe, verliere ich die Verbindung. Deshalb ist es so wichtig, immer wieder an der eigenen inneren Stabilität zu arbeiten. Beziehung beginnt bei mir selbst.

Reflexionsfragen

- Wann entsteht für dich das Gefühl, mit deinem Gegenüber wirklich in Beziehung zu sein?
- Wie spürst du, ob eine Beziehung tragfähig genug für tiefergehende Gespräche ist?
- Was hilft dir, auch in schwierigen Momenten die Beziehungsebene zu halten?
- Wie reagierst du auf Nähe und Distanz im Gespräch?
- In welchen Situationen gelingt dir echte Präsenz besonders gut?
- Welche kleinen Gesten stärken deine Beziehung zu Klientinnen und Klienten?
- Wie gehst du mit Irritationen oder Spannungen in der Beziehung um?
- Welche Rolle spielt deine eigene Person in der Gestaltung von Beziehung?

Beziehung ist das zentrale Fundament systemischer Gesprächsführung. Sie entsteht durch echte Präsenz, durch authentische Haltung, durch aufmerksames Zuhören und durch respektvolle Resonanz. Beziehung ist keine Methode, sondern ein lebendiger, dynamischer Prozess, der von beiden Seiten gestaltet wird. In der systemischen Praxis wird Beziehung nicht nur als Voraussetzung für Veränderung verstanden, sondern als Teil der Veränderung selbst. Eine tragfähige Beziehung erlaubt es dem Gegenüber, sich zu öffnen, sich zu zeigen und neue Sichtweisen zu entwickeln. Sie lebt von Echtheit, von Achtsamkeit, von einem professionellen Gleichgewicht zwischen Nähe und Distanz. Wer systemisch arbeitet, gestaltet Beziehung nicht beiläufig, sondern bewusst. Und genau darin liegt ihre Wirksamkeit.

Mehrperspektivität im systemischen Gespräch

Menschen erzählen Geschichten. Und jede Geschichte, die in einem Gespräch zur Sprache kommt, ist mehr als eine bloße Aneinanderreihung von Ereignissen. Sie ist eine Perspektive. Eine ganz eigene Sichtweise auf das Erlebte, durchzogen von Emotionen, Bewertungen, Mustern und Bedeutungen. In der systemischen Gesprächsführung beginnen wir damit, diese Perspektiven ernst zu nehmen. Und wir gehen noch einen Schritt weiter. Wir laden dazu ein, andere Sichtweisen mitzudenken, neue Perspektiven zuzulassen, den Blick zu weiten. Nicht, um die ursprüngliche Sichtweise zu korrigieren oder in Frage zu stellen, sondern um zusätzliche Möglichkeiten zu schaffen, dieselbe Situation anders zu erleben, anders zu deuten und damit auch anders zu gestalten.

Mehrperspektivität ist eine Grundhaltung im systemischen Arbeiten. Sie geht davon aus, dass es nie nur eine Wahrheit gibt, sondern immer verschiedene Wirklichkeiten, die nebeneinander bestehen. Sie geht davon aus, dass jede Perspektive für sich stimmig ist, aber erst im Zusammenspiel mit anderen Perspektiven ihre Tiefe entfalten kann. Wer in einem Gespräch nur eine Sichtweise verfolgt, bleibt oft im Problem verhaftet. Wer den Blick öffnet und andere Blickwinkel zulässt, schafft Raum für Bewegung, für Erkenntnis, für Veränderung.

Ein Gespräch mit einem Jugendlichen in der Beratung kann dies gut veranschaulichen. Er sagt, ich habe keine Lust mehr auf Schule, die Lehrer behandeln mich wie Dreck. Würde ich diese Aussage direkt mit der Suche nach Lösungen beantworten, würde ich vielleicht Strategien vorschlagen, wie er mit den Lehrern besser klarkommt, wie er seine Motivation steigern könnte oder wie man mit Autoritätspersonen kommuniziert. Doch aus systemischer Sicht lohnt es sich, den Blick zu weiten. Ich könnte fragen, was würde einer deiner Lehrer sagen, wenn er deine Sicht hört? Oder, was glaubst du, wie deine Eltern erklären würden, was gerade mit dir los ist? Vielleicht frage ich auch, wenn dein bester Freund in deiner Lage wäre, was würdest du ihm raten? Solche Fragen holen andere Perspektiven ins Spiel. Sie helfen, nicht nur im eigenen Frust stecken zu bleiben, sondern etwas von außen auf sich selbst zu blicken. Diese

Perspektivwechsel können Klarheit bringen, inneren Abstand ermöglichen und neue Handlungsspielräume eröffnen.

Mehrperspektivität ist auch ein Schutz vor vorschnellem Urteilen. Im Alltag neigen wir alle dazu, Dinge einzuordnen, zu bewerten, zu etikettieren. In der systemischen Beratung versuchen wir bewusst, uns dieser Tendenz zu entziehen. Wir beobachten, wir fragen, wir spiegeln, aber wir diagnostizieren nicht. Statt zu sagen, das ist typisch für depressive Menschen, fragen wir, was dieses Verhalten für eine Bedeutung im aktuellen Kontext hat. Statt zu sagen, Sie scheinen Angst vor Nähe zu haben, fragen wir, was Nähe für Sie bedeutet und in welchen Momenten sie sich gut anfühlt. Wir machen keine Annahmen, sondern stellen Hypothesen zur Verfügung. Und wir lassen die Klientin oder den Klienten selbst entscheiden, welche dieser Hypothesen stimmig erscheint.

In Paarberatungen ist das Prinzip der Mehrperspektivität unverzichtbar. Zwei Menschen leben in einem gemeinsamen System, sehen es aber oft durch völlig unterschiedliche Brillen. Sie beschreiben dasselbe Ereignis auf ganz verschiedene Weise. Was für den einen eine liebevolle Geste war, wird vom anderen als Einmischung erlebt. Was als Rückzug gemeint war, wird als Ablehnung empfunden. Systemisch zu arbeiten bedeutet hier, beide Perspektiven als gültig zu würdigen und nicht zu versuchen, eine objektive Wahrheit zu finden. Ein Beispiel: Er sagt, sie redet ständig auf mich ein, ich komme nicht zur Ruhe. Sie sagt, ich versuche nur, Nähe aufzubauen, aber er blockt immer ab. In einem solchen Moment könnte ich fragen, was glauben Sie, was Ihr Partner braucht, wenn er sich zurückzieht? Oder, wie fühlt sich Ihr Bedürfnis nach Nähe in solchen Momenten an? Und an ihn gerichtet, wie nehmen Sie das Reden Ihrer Partnerin wahr, wenn Sie selbst gerade innerlich abschalten wollen? Durch diese Art des Fragens werden beide eingeladen, sich in die Sichtweise des anderen hineinzuversetzen, ohne die eigene aufgeben zu müssen. Das kann Verständnis schaffen, Verbindung herstellen, Konfliktmuster durchbrechen.

Mehrperspektivität hat auch eine politische und gesellschaftliche Dimension. Menschen bringen ihre Lebensrealitäten mit in den Beratungsraum.

Ihre Erfahrungen mit Macht, mit Ausgrenzung, mit Anerkennung oder Benachteiligung prägen ihre Wahrnehmung und ihr Verhalten. In der systemischen Gesprächsführung ist es wichtig, diese Kontexte mitzudenken. Wenn eine Frau mit Migrationshintergrund sagt, ich fühle mich im Team oft nicht ernst genommen, dann reicht es nicht, über Kommunikationstechniken zu sprechen. Dann braucht es Raum, um zu fragen, was sie genau erlebt, welche Deutungen sie daraus ableitet, wie andere das erleben könnten, und welche Rolle ihr kultureller Hintergrund möglicherweise spielt. Ich könnte fragen, wie würde eine Kollegin die Situation beschreiben? Was würden Sie sich wünschen, wie Ihre Perspektive stärker wahrgenommen wird? Was sagt Ihr Gefühl über Ihre bisherigen Erfahrungen? Diese Fragen öffnen den Raum für gesellschaftliche Zusammenhänge, ohne sie zu pathologisieren oder zu problematisieren. Sie stärken die Deutungskompetenz der Klientin und fördern Selbstwirksamkeit.

Ein besonders wirksames Instrument zur Förderung von Mehrperspektivität ist das zirkuläre Fragen. Es basiert auf dem Prinzip, nicht nur über das eigene Erleben zu sprechen, sondern auch über die Sichtweisen anderer auf das Erleben Dritter. Das klingt zunächst abstrakt, wird aber sehr konkret, wenn man es anwendet. Ein Beispiel: Ein Vater sagt, mein Sohn hört nie auf mich. Ich könnte fragen, was glauben Sie, wie Ihre Frau die Beziehung zwischen Ihnen und Ihrem Sohn beschreibt? Oder, was würde Ihr Sohn sagen, wie er von Ihnen wahrgenommen wird? Oder, wenn Ihr Sohn diesen Satz hören würde, was glauben Sie, wie er reagieren würde? Solche Fragen verlagern den Fokus von der eigenen Perspektive hin zu einem relationalen Denken. Sie fördern Empathie, Reflexion und die Fähigkeit, sich in andere hineinzuversetzen.

Mehrperspektivität bedeutet auch, sich selbst als beratende Person immer wieder zu hinterfragen. Ich bin nicht neutral, auch wenn ich um Neutralität bemüht bin. Meine eigenen Erfahrungen, Haltungen, Werte und Vorannahmen fließen mit ein. Deshalb ist es wichtig, in der Supervision, in der Selbstreflexion oder im kollegialen Austausch immer wieder die eigene Perspektive zu beleuchten. Welche Bedeutung messe ich bestimmten Aussagen bei? Warum löst ein bestimmtes Thema bei mir eine starke Resonanz aus? Welche blinden Flecken könnten meine Gesprächsführung beeinflussen? Diese Art der Selbstbeobachtung schützt vor Übergriffigkeit und stärkt gleichzeitig die professionelle Präsenz.

In Gruppenprozessen kann Mehrperspektivität helfen, Dynamiken sichtbar zu machen, die sonst unter der Oberfläche bleiben. Wenn in einer Teamsitzung nur bestimmte Personen sprechen und andere sich zurückhalten, kann es hilfreich sein zu fragen, was glauben Sie, warum Frau X heute so still ist? Oder, wenn wir die Perspektive eines Außenstehenden einnehmen würden, was würde dieser über unsere Gruppenkultur sagen? Solche Fragen fördern die Metakommunikation. Sie schaffen Raum für das Unsichtbare, das in Gruppen oft sehr wirksam ist, aber selten benannt wird. Mehrperspektivität ermöglicht hier eine bewusste Steuerung von Prozessen, ohne sie zu kontrollieren oder zu manipulieren.

Ein kreativer Zugang zur Mehrperspektivität kann auch über Rollenarbeit, Figuren, Symbolkarten oder Aufstellungen erfolgen. Klientinnen und Klienten können eingeladen werden, verschiedene Positionen einzunehmen, alternative Stimmen hörbar zu machen oder innere Dialoge zu führen. Ein Beispiel: Eine Frau, die sich als Versagerin erlebt, wird gebeten, auf einen anderen Stuhl zu wechseln und dort als ihre erfolgreiche Seite zu sprechen. Dann vielleicht als ihre kritische Seite. Und schließlich als eine wohlwollende, beschützende Stimme. Diese Stimmen müssen nicht alle gleichlautend sein. Sie dürfen sich widersprechen. Entscheidend ist, dass sie alle dazugehören dürfen. Und dass dadurch erlebbar wird, dass die eigene Identität mehr ist als ein festgelegtes Selbstbild.

Mehrperspektivität bedeutet letztlich auch, Raum für Ambivalenz zu schaffen. Nicht alles muss aufgelöst werden. Nicht jede Spannung braucht eine Entscheidung. Manchmal ist es gerade die Koexistenz unterschiedlicher Sichtweisen, die Entwicklung ermöglicht. Eine Klientin sagt, ich will mich trennen, aber ich liebe ihn noch. Statt eine Entscheidung herbeizuführen, könnte ich sagen, darf beides gerade nebeneinander stehen? Was braucht es, damit Sie mit dieser Spannung leben können? Oder, wie würde eine weisere Version von Ihnen in fünf Jahren auf diese Situation blicken? Solche Fragen ermöglichen Integration statt Spaltung. Sie ermöglichen inneres Wachstum, ohne Druck.

Reflexionsfragen

* Wie oft gelingt es dir, mehrere Sichtweisen gleichzeitig im Blick zu behalten?
* In welchen Situationen fällt dir Mehrperspektivität schwer?
* Welche Fragen helfen dir, andere Perspektiven ins Gespräch zu holen?
* Wie gehst du mit Perspektiven um, die deinen eigenen Haltungen widersprechen?
* Welche Methoden nutzt du, um Mehrperspektivität erfahrbar zu machen?
* Wie beeinflusst dein eigener Hintergrund deine Sicht auf Klient:innen?
* Wann hat dir ein Perspektivwechsel selbst geholfen, Klarheit zu gewinnen?
* Was brauchst du, um im Gespräch offen für neue Deutungen zu bleiben?

Mehrperspektivität ist ein tragendes Element systemischer Gesprächsführung. Sie stärkt die Fähigkeit, komplexe Situationen aus unterschiedlichen Blickwinkeln zu betrachten, und ermöglicht dadurch tiefere Einsichten und größere Handlungsfreiheit. Sie schützt vor Vereinfachungen, fördert Dialog und stärkt die Verbindung zwischen Menschen. In der Praxis zeigt sich Mehrperspektivität in der Art der Fragen, in der Haltung gegenüber Unterschiedlichkeit und in der Bereitschaft, auch unbequeme Sichtweisen zuzulassen. Sie erweitert nicht nur das Weltbild der Klientinnen und Klienten, sondern auch das eigene. Wer systemisch arbeitet, wird durch Mehrperspektivität selbst beweglicher, neugieriger und empathischer. Es ist diese Fähigkeit, das Eigene zu hinterfragen, ohne es aufzugeben, und das Andere zuzulassen, ohne sich darin zu verlieren, die systemische Gespräche so wirksam macht.

Hypothetisieren statt Diagnostizieren

Die Art, wie wir auf Menschen blicken, entscheidet darüber, wie wir mit ihnen sprechen. Und die Art, wie wir mit ihnen sprechen, beeinflusst wiederum, wie sie sich selbst sehen. In der systemischen Gesprächsführung steht daher nicht die Diagnose im Mittelpunkt, sondern die gemeinsame Erkundung von Bedeutungen, Zusammenhängen und Möglichkeiten. Statt eine festgelegte Erklärung für das Verhalten eines Menschen zu liefern, entwickeln wir Hypothesen. Wir denken mit, wir denken weiter, wir denken systemisch. Und wir lassen offen, was als stimmig erlebt wird. Das Hypothetisieren ist ein zentrales Element dieser Arbeit. Es erlaubt uns, orientiert zu bleiben, ohne uns festzulegen. Es lädt dazu ein, Zusammenhänge zu erkunden, ohne einseitig zu werden. Und es schützt die Beziehung, weil es auf Augenhöhe geschieht.

Diagnosen haben ihre Berechtigung, vor allem im medizinischen und psychotherapeutischen Bereich. Sie können Klarheit schaffen, Orientierung geben, eine gemeinsame Sprache ermöglichen. In der systemischen Beratung jedoch, insbesondere im nicht-klinischen Feld, sind Diagnosen oft hinderlich. Sie erzeugen Festlegungen, sie benennen Defizite, sie trennen die Person von ihrer Geschichte. Sie schaffen Etiketten, die zwar Ordnung versprechen, aber oft neue Begrenzungen schaffen. Wer als depressiv, bindungsgestört oder narzisstisch beschrieben wird, erlebt sich oft nicht mehr als handelndes Subjekt, sondern als Träger eines Problems. Die Komplexität des Lebens wird auf eine Kategorie reduziert.

Hypothetisieren bedeutet dagegen, Möglichkeitsräume zu eröffnen. Wir stellen Überlegungen an, ohne sie als Wahrheit zu behaupten. Wir fragen zum Beispiel, könnte es sein, dass dieses Verhalten in einem bestimmten Zusammenhang eine Funktion erfüllt? Oder, was wäre, wenn diese Reaktion ein Versuch wäre, mit einer inneren Spannung umzugehen? Oder auch, wie würde sich die Situation verändern, wenn wir annehmen, dass hinter dieser Aggression Angst steckt? Solche Hypothesen sind Angebote. Sie dienen nicht der Einordnung, sondern der Orientierung. Und sie laden die Klientin oder den Klienten dazu ein, eigene Deutungen zu entwickeln.

Ein Beispiel aus der Praxis: Eine Frau erzählt, dass sie sich ständig über-fordert fühlt, dass sie alles kontrollieren muss und nie zur Ruhe kommt. Eine diagnostische Haltung könnte zu dem Schluss kommen, dass es sich um eine generalisierte Angststörung handelt oder um eine perfektionis-tische Persönlichkeitsstruktur. Eine hypothetische Haltung würde fragen, was Sie beschreiben, klingt nach einem hohen inneren Druck. Haben Sie eine Idee, woher dieser Anspruch kommt, immer alles im Griff haben zu müssen? Könnte es sein, dass dieser Wunsch nach Kontrolle Ihnen in der Vergangenheit geholfen hat, schwierige Situationen zu bewältigen? Gibt es auch Momente, in denen Sie sich sicher fühlen, ohne alles kontrollie-ren zu müssen? Diese Fragen ermöglichen einen anderen Zugang. Sie pa-thologisieren nicht, sie würdigen die bisherige Lebensleistung, sie eröff-nen neue Möglichkeiten des Verstehens.

Hypothesen sind keine neutralen Instrumente. Sie sind Ausdruck unserer Haltung. Wenn ich frage, ob jemand vielleicht unter einer verdrängten Wut leidet, habe ich schon eine bestimmte Deutung im Kopf. Wenn ich hingegen frage, was dieser Rückzug für eine Funktion haben könnte, öffne ich einen Raum. Systemische Hypothesen sind kontextsensibel, zir-kulär und vorläufig. Kontextsensibel bedeutet, dass sie die Lebensum-stände, Beziehungen und kulturellen Prägungen berücksichtigen. Zirkulär bedeutet, dass sie Wechselwirkungen in den Blick nehmen. Vorläufig be-deutet, dass sie jederzeit revidierbar sind. Diese Offenheit ist eine zent-rale Qualität systemischer Arbeit. Sie schützt vor Einseitigkeit und stärkt die Autonomie der Klientinnen und Klienten.

Ein weiterer Vorteil des Hypothetisierens ist, dass es Beziehung ermög-licht. Diagnosen erzeugen leicht ein Gefälle. Die eine Seite weiß, die an-dere wird beschrieben. Hypothesen hingegen laden zum gemeinsamen Denken ein. Sie sind Gesprächsangebote. Wenn ich sage, ich frage mich, ob dieses Verhalten vielleicht auch eine Botschaft an jemand anderen im System ist, dann formuliere ich eine Einladung zur Reflexion. Ich setze nichts voraus. Ich biete eine Idee an, die aufgenommen, verändert oder verworfen werden kann. Diese kooperative Haltung stärkt die Beziehung. Sie zeigt, dass ich mein Gegenüber als aktiv und mitdenkfähig wahrnehme. Und sie eröffnet Räume, in denen sich neue Bedeutungen entfalten können.

Auch im Umgang mit Selbstzuschreibungen ist Hypothetisieren hilfreich. Wenn eine Klientin sagt, ich bin einfach zu emotional, ich nehme mir alles zu Herzen, könnte ich diagnostisch denken und sagen, das klingt nach einer Tendenz zur Hochsensibilität. Ich könnte aber auch hypothetisch fragen, in welchen Situationen sich diese Empfindsamkeit besonders zeigt. Welche Bedeutung sie im Leben der Klientin hat. Ob es auch Momente gibt, in denen diese Emotionalität als Stärke erlebt wird. Oder ob es einen Zusammenhang gibt zwischen der emotionalen Reaktion und bestimmten Beziehungserfahrungen. Diese Art des Arbeitens macht die Komplexität sichtbar, ohne sie in Schubladen zu pressen.

Hypothetisieren ist auch ein Mittel zur Selbstreflexion. In der Supervision frage ich mich oft, welche Hypothese gerade mein Denken lenkt. Welche Idee ich vom Gegenüber habe. Welche inneren Bilder ich unbewusst mittrage. Wenn ich zum Beispiel merke, dass ich jemanden als anstrengend empfinde, kann ich hypothetisieren, ob dieses Gefühl mit einem bekannten Beziehungsmuster zu tun hat. Oder ob ich vielleicht etwas spiegle, das im Raum steht, aber noch nicht benannt wurde. Diese Selbstbeobachtung schützt vor unbewusster Steuerung und stärkt die Klarheit in der Gesprächsführung.

In der Arbeit mit Teams kann Hypothetisieren helfen, festgefahrene Deutungen aufzubrechen. Wenn in einem Team jemand als schwierig gilt, kann ich fragen, was glauben Sie, welche Funktion dieses Verhalten im Team erfüllt? Oder, was würde passieren, wenn sich das Verhalten plötzlich ändern würde? Diese Fragen laden dazu ein, das System in seiner Dynamik zu betrachten, nicht nur das einzelne Verhalten. Sie ermöglichen Perspektivwechsel, fördern Verständnis und regen dazu an, das eigene Verhalten im Zusammenhang mit dem Verhalten anderer zu sehen.

Ein Gesprächsauszug aus einer Teamsupervision: Eine Teilnehmerin sagt, der Kollege XY zieht sich ständig zurück, er wirkt unbeteiligt. Ich frage, was glauben Sie, wie er seine Rolle im Team versteht? Könnte es sein, dass sein Rückzug auch eine Reaktion auf etwas ist, das im Team unausgesprochen bleibt? Oder, wenn Sie sich vorstellen, dass dieser Kollege aus seiner Sicht sehr wohl beteiligt ist, wie könnte das aussehen? Die Wirkung dieser Fragen ist oft verblüffend. Plötzlich entsteht ein anderer Blick. Der Kollege wird nicht mehr nur als Problemträger gesehen, sondern als Teil eines Beziehungsgeflechts. Und das verändert die Kommunikation im Team.

Hypothesen sind besonders wirksam, wenn sie an Ressourcen andocken. Wenn ich frage, was diese Strategie Ihnen schon alles ermöglicht hat, lade ich zu einer Würdigung ein. Wenn ich frage, was Ihnen hilft, diese Dynamik zu erkennen, stärke ich das Reflexionsvermögen. Hypothesen, die sich auf Kompetenzen und auf bereits vorhandene Fähigkeiten beziehen, sind besonders hilfreich in Veränderungsprozessen. Sie fördern die Selbstwirksamkeit, weil sie die Aufmerksamkeit auf das richten, was bereits da ist, und nicht nur auf das, was fehlt.

Hypothetisieren bedeutet auch, Ambiguität auszuhalten. Es bedeutet, nicht zu wissen, ob eine Erklärung stimmt, und dennoch mit ihr zu arbeiten. Diese Unsicherheit ist kein Mangel, sondern eine Qualität. Sie erlaubt es, flexibel zu bleiben, kreativ zu denken, neue Wege zu gehen. Wer hypothetisch arbeitet, erlaubt sich selbst, zu irren. Und genau dadurch entsteht Entwicklung. Nicht weil eine Hypothese wahr ist, sondern weil sie einen Denkraum öffnet. Systemische Gespräche leben von solchen Denkbewegungen. Sie sind keine Suche nach der einen Wahrheit, sondern ein gemeinsames Erkunden von Möglichkeiten.

Reflexionsfragen

- Wie oft ertappst du dich dabei, im Gespräch vorschnell zu diagnostizieren?
- Welche Hypothesen verwendest du in deiner Praxis besonders häufig?
- Wie reagierst du, wenn deine Hypothese nicht mit dem Erleben der Klientin oder des Klienten übereinstimmt?

- Was hilft dir, deine Hypothesen offen und nicht als Wahrheit zu formulieren?
- Welche Sprache verwendest du, um deine Überlegungen als Hypothesen anzubieten?
- Wie gehst du mit der Unsicherheit um, die beim Hypothetisieren entstehen kann?
- In welchen Situationen fällt es dir schwer, auf Diagnosen zu verzichten?
- Was hat sich in deiner Arbeit verändert, seit du systemisch hypothetisch denkst?

Hypothetisieren statt Diagnostizieren ist ein zentrales Prinzip systemischer Gesprächsführung. Es stärkt die Autonomie der Klientinnen und Klienten, schützt vor einseitigen Zuschreibungen und fördert eine kooperative, reflexive Beziehungsgestaltung. Hypothesen laden dazu ein, Zusammenhänge zu erkunden, Bedeutungen zu entdecken und neue Perspektiven zu entwickeln. Sie sind flexibel, kontextsensibel und vorläufig. Im Unterschied zur Diagnose vermeiden sie Festschreibungen und ermöglichen Vielfalt. Sie fördern ein Denken in Beziehungen, ein Wahrnehmen von Dynamiken und ein Verstehen jenseits von Etiketten. Wer hypothetisch arbeitet, bleibt offen, achtsam und neugierig. Und genau diese Haltung schafft Raum für Veränderung.

Nichtwissen als Kompetenz

Es gibt kaum eine Haltung in der systemischen Gesprächsführung, die so sehr im Widerspruch zu gängigen Vorstellungen professionellen Arbeitens steht wie das Nichtwissen. In einer Kultur, die auf Antworten, Lösungen, Expertenwissen und Machbarkeit setzt, wirkt das bewusste Eingeständnis von Nichtwissen wie ein Tabubruch. Und doch ist es genau diese Haltung, die systemische Gesprächsführung auszeichnet und trägt. Wer nicht weiß, ist offen. Wer nicht weiß, hört besser zu. Wer nicht weiß, urteilt nicht zu schnell. Und wer nicht weiß, hält einen Raum offen, in dem sich das zeigen kann, was unter der Oberfläche liegt.

Nichtwissen bedeutet nicht, sich passiv zurückzulehnen oder ahnungslos zu sein. Es ist keine Verweigerung von Verantwortung und keine Abwesenheit von Kompetenz. Im Gegenteil. Es ist eine Haltung der aktiven Zurücknahme. Eine Entscheidung, der Welt des Gegenübers mit echtem Interesse und radikaler Offenheit zu begegnen. Systemisches Nichtwissen ist eine Form der inneren Klarheit. Ich weiß, dass ich nicht weiß. Und ich weiß, dass mein Nichtwissen den Raum öffnet für das Wissen des anderen. Für das Wissen, das sich erst im Gespräch, im Miteinander, im Prozess zeigt. Dieses Nichtwissen ist schöpferisch. Es ist eine Einladung, sich gemeinsam auf Entdeckungsreise zu begeben.

Ein Mensch kommt mit einem Thema in die Beratung. Vielleicht mit einem inneren Konflikt, einer Beziehungskrise, einem wiederkehrenden Muster. Und oft stellt sich sehr schnell ein innerer Reflex ein: Ich erkenne Parallelen, erinnere mich an ähnliche Situationen, habe Hypothesen, vielleicht sogar erste Ideen. Doch genau in diesem Moment ist Vorsicht geboten. Denn sobald ich glaube zu wissen, beginne ich, selektiv zu hören. Ich höre auf das, was meine Hypothese stützt, und übersehe das, was nicht dazu passt. Ich verliere den offenen Blick. Und der Raum, den ich dem Gegenüber anbieten möchte, wird enger.

Nichtwissen als Haltung bedeutet, meine eigenen inneren Bewegungen zu beobachten. Es bedeutet, zu merken, wenn ich beginne, mich zu verengen. Wenn ich in Richtung einer Erklärung gehe, die mir vertraut ist.

Wenn ich mit meinem Fachwissen zu schnell präsent bin. Stattdessen frage ich mich: Was zeigt sich wirklich? Was möchte sich entfalten, wenn ich mich innerlich zurücknehme? Was entsteht, wenn ich nicht antworte, sondern frage? Nicht erkläre, sondern begleite? Dieses Fragen ist kein methodischer Trick, sondern Ausdruck einer tiefen Haltung. Es macht einen Unterschied, ob ich frage, um etwas zu kontrollieren, oder ob ich frage, um etwas zu verstehen.

Ein Beispiel: Eine Klientin kommt in die Beratung mit dem Gefühl, ständig versagt zu haben. Sie beschreibt sich als unfähig, unsicher, emotional labil. Mein erster Impuls könnte sein, ihre Ressourcen zu stärken, ihre Selbstwertthemen anzusprechen, ihre Geschichte in den Blick zu nehmen. Doch was, wenn ich zunächst gar nichts weiß? Wenn ich mich einfach frage, was dieses Gefühl ihr sagen will? Was es in ihrer Biografie für eine Funktion hatte? Ob es Situationen gibt, in denen es sich anders anfühlt? Ob es vielleicht gar nicht um Versagen geht, sondern um etwas ganz anderes? Das Nichtwissen erlaubt mir, präsent zu bleiben, ohne zu deuten. Ich nehme die Erzählung der Klientin nicht auseinander, sondern lasse sie sich selbst entfalten.

Diese Haltung hat auch eine ethische Dimension. Ich maße mir nicht an, besser zu wissen, was für mein Gegenüber richtig ist. Ich enthalte mich des Urteils, auch wenn ich einen professionellen Rahmen biete. Ich bin nicht der Experte über das Leben der anderen, sondern ein Begleiter auf Zeit. Dieses Verständnis von Beziehung auf Augenhöhe ist zentral im systemischen Denken. Und es zeigt sich besonders deutlich in der Bereitschaft, das eigene Wissen zurückzustellen.

Im Beratungsalltag begegnet uns immer wieder die Erwartung, dass wir wissen sollen. Klientinnen und Klienten formulieren Fragen wie: Was soll ich tun? Wie soll ich mich entscheiden? Was würden Sie an meiner Stelle machen? Solche Fragen sind verständlich. Sie drücken oft die Sehnsucht nach Orientierung, nach Sicherheit, nach Entlastung aus. Und es ist menschlich, in solchen Momenten helfen zu wollen. Eine Haltung des Nichtwissens bedeutet aber, dieser Versuchung zu widerstehen. Sie bedeutet, den Impuls zu unterbrechen, eine Richtung vorzugeben.

Stattdessen sage ich: Ich kann Ihnen keine Antwort geben, aber ich kann mit Ihnen gemeinsam herausfinden, was für Sie stimmig sein könnte. Oder: Was glauben Sie selbst, was diese Frage für Sie bedeuten könnte? Nichtwissen bedeutet, den Fokus wieder zurückzugeben. Es bedeutet, nicht für jemanden zu denken, sondern mit ihm oder ihr zu denken.

Nichtwissen ist auch ein Schutz vor ungewollter Vereinnahmung. Wenn ich zu schnell antworte, riskiere ich, dass mein Gegenüber sich innerlich zurückzieht. Dass er oder sie denkt, das weiß der oder die ja sowieso schon. Ich muss nichts mehr sagen. Und damit stirbt der Prozess. Wenn ich jedoch meine Unsicherheit zeige, wenn ich sage, „Ich bin gerade unsicher, wie ich das verstehe, können wir noch einmal gemeinsam darauf schauen?", dann halte ich den Dialog offen. Ich signalisiere, dass es keine fertigen Lösungen gibt, sondern dass wir gemeinsam unterwegs sind. Das erzeugt Vertrauen. Und es ermöglicht dem Gegenüber, sich selbst als wirksam zu erleben.

Diese Haltung ist besonders hilfreich in komplexen, emotional aufgeladenen oder ambivalenten Situationen. Wenn Menschen in inneren Widersprüchen leben, wenn sie mehrere Stimmen in sich tragen, wenn sie sich selbst nicht mehr verstehen. In solchen Momenten wirkt das Nichtwissen wie ein behutsamer Begleiter. Es urteilt nicht, es drängt nicht, es hält einfach aus. Es erlaubt, dass auch das Unklare, das Unfertige, das Fragmentarische Platz haben darf. Und manchmal ist genau das der Anfang von Veränderung.

Ein Beispiel aus der Supervision: Eine Beraterin berichtet, dass sie mit einer Klientin nicht weiterkommt. Alles scheint festgefahren. Die Gespräche wiederholen sich. Es entstehen Spannungen. Die Supervisandin fragt mich, was sie tun soll. Ich könnte eine Intervention empfehlen, eine Methode, eine Haltung. Doch ich entscheide mich anders. Ich sage: „Wenn wir für einen Moment annehmen, dass du nichts weißt - was zeigt sich dann? Was merkst du, wenn du alle Strategien loslässt und einfach nur zuhörst?" Diese Einladung zum Nichtwissen löst oft etwas aus. Der Blick wird weicher. Neue Fragen entstehen. Und oft ist genau das der Moment, in dem sich etwas verändert.

Nichtwissen bedeutet auch, sich selbst zu hinterfragen. Woher kommt mein Wunsch zu wissen? Was verunsichert mich, wenn ich nichts sagen kann? Was befürchte ich, wenn ich keine Richtung anbiete? Diese Fragen sind zentral in der professionellen Entwicklung. Denn Nichtwissen verlangt innere Stabilität. Es verlangt, das eigene Ego zurückzustellen. Es verlangt, aushalten zu können, nicht im Mittelpunkt zu stehen. Und es verlangt, dem Prozess zu vertrauen, auch wenn das Ziel noch nicht sichtbar ist.

Gerade in beratenden und helfenden Berufen, in denen Verantwortung und Fürsorge eine große Rolle spielen, ist das Nichtwissen oft mit innerem Widerstand verbunden. Wir wollen helfen, begleiten, stärken, klären. All das ist wichtig. Aber es darf nicht auf Kosten der Selbstbestimmung des Gegenübers geschehen. Wer systemisch arbeitet, vertraut darauf, dass jeder Mensch in sich selbst Lösungen trägt. Unsere Aufgabe ist es, diese Lösungen zu ermöglichen. Und dazu braucht es Raum. Raum, der nicht mit unserem Wissen gefüllt ist, sondern mit unserer Offenheit.

Nichtwissen ist auch eine Quelle von Kreativität. Wenn ich nichts weiß, bin ich offen für neue Verbindungen. Ich kann Muster erkennen, die mir im Modus des Wissens verborgen bleiben. Ich kann auf Ideen kommen, die nicht aus der Logik, sondern aus der Intuition entstehen. Diese Kreativität ist nicht beliebig. Sie ist gerahmt durch eine professionelle Haltung, durch ethische Grundsätze, durch Beziehung. Aber sie ist lebendig. Und sie macht die Beratung zu einem schöpferischen Raum, in dem etwas entstehen kann, das vorher nicht da war.

Reflexionsfragen

- In welchen Situationen fällt es dir besonders leicht, nicht zu wissen?
- Was passiert in dir, wenn du gefragt wirst, was du raten würdest?
- Wie reagierst du auf Unsicherheit in der Gesprächsführung?
- Was hilft dir, offen zu bleiben, auch wenn du glaubst, eine Erklärung zu haben?
- Wie beeinflusst dein eigenes Bedürfnis nach Klarheit deine Arbeit?

- Wann hast du zuletzt erlebt, dass ein Gespräch durch Nichtwissen an Tiefe gewonnen hat?
- Wie gehst du mit dem Spannungsfeld zwischen Verantwortung und Zurückhaltung um?
- Was bedeutet es für dich persönlich, professionell nicht zu wissen?

Nichtwissen ist eine bewusste, professionelle Haltung in der systemischen Gesprächsführung. Sie bedeutet, auf vorgefertigte Erklärungen zu verzichten, den Raum für die eigene Deutung des Gegenübers offenzuhalten und den Prozess als etwas Gemeinsames zu verstehen. Nichtwissen schützt vor Übergriff, vor vorschnellen Lösungen und vor einer Einengung des Blicks. Es erlaubt dem Gegenüber, sich selbst zu entdecken, die eigene Geschichte neu zu erzählen und neue Bedeutung zu finden. Wer systemisch mit Nichtwissen arbeitet, bleibt wach, offen, dialogisch. Er oder sie begleitet nicht als Expert:in für das Leben der anderen, sondern als verlässlicher Mensch, der Raum hält, Fragen stellt, Resonanz bietet und vertraut. Vertrauen in den Prozess, Vertrauen in den Menschen, Vertrauen in das, was entstehen kann, wenn wir gemeinsam nicht wissen.

Sprache als Wirklichkeitskonstruktion

Sprache ist mehr als ein Mittel zur Verständigung. Sie ist nicht nur Werkzeug, mit dem wir über unsere Erfahrungen sprechen, sie ist selbst Teil dieser Erfahrungen. Sprache erschafft Wirklichkeit. Sie strukturiert unser Denken, beeinflusst unsere Wahrnehmung, rahmt unser Erleben. In der systemischen Gesprächsführung ist das Wissen um die konstruierende Kraft der Sprache zentral. Wir gehen davon aus, dass nicht nur unsere inneren Zustände unsere Sprache formen, sondern dass auch unsere Sprache unsere inneren Zustände formt. Die Worte, die wir wählen, die Bilder, die wir benutzen, die Metaphern, die sich wiederholen, sind nicht neutral. Sie erzeugen Bedeutungsräume, in denen sich unser Selbstverständnis, unser Handeln und unsere Möglichkeiten entfalten.

Wer systemisch arbeitet, hört deshalb besonders genau auf Sprache. Nicht nur auf das, was gesagt wird, sondern auf das Wie. Auf die Struktur von Sätzen, auf häufig verwendete Begriffe, auf Verneinungen, auf Dramatisierungen, auf Etikettierungen. Sprache verrät, welche Weltsicht jemand mitbringt. Sie zeigt, welche Geschichten ein Mensch sich über sich selbst und über andere erzählt. Und sie lässt erkennen, wo Möglichkeiten entstehen und wo sie sich verschließen.

Ein Beispiel: Eine Klientin sagt: Ich bin immer die, die alles schluckt.". Dieser Satz ist nicht nur eine Beschreibung, er ist eine Selbstdefinition. Er erzeugt ein Bild, das mit bestimmten Gefühlen, Erwartungen und Verhaltensmustern verbunden ist. Wenn ich darauf eingehe, ohne es zu hinterfragen, bestätige ich dieses Bild. Wenn ich jedoch frage: „In welchen Situationen Sie das besonders stark spüren" oder „Wann Sie das zum ersten Mal über sich gesagt haben", öffnet sich der Raum für ein neues Verständnis. Ich kann auch fragen: „Gibt es Situationen, in denen Sie das nicht tun?" oder, „Wenn Sie eine andere Sprache für dieses Verhalten finden müssten, wie würden Sie es nennen?" Solche Fragen dekonstruieren nicht, um zu zerstören, sondern um Wahlmöglichkeiten zu schaffen.

Sprache kann festlegen oder öffnen. Sie kann lähmen oder ermutigen. Sie kann den Fokus auf Probleme richten oder auf Ressourcen. In der systemischen Praxis wählen wir Sprache bewusst. Wir sprechen lösungsorientiert, ressourcenfokussiert, kontextbezogen. Wir vermeiden Defizitbeschreibungen, sprechen stattdessen von Fähigkeiten, von bisherigen Strategien, von Funktionalität. Wenn jemand sagt, „Ich habe mich total blamiert", könnten wir sagen, das klingt nach einer sehr herausfordernden Situation, die viel von Ihnen gefordert hat. Wenn jemand sagt: „Ich bin völlig gescheitert", könnten wir sagen „Sie haben eine Grenze gespürt.". Diese Umformulierungen sind keine Schönfärberei, sondern ein Perspektivwechsel. Sie ermöglichen es, das eigene Erleben in einem anderen Licht zu sehen, es zu entlasten und weiterzudenken.

Worte wie immer, nie, alle, niemand sind oft Hinweise auf festgefahrene Muster. Wenn jemand sagt, „Niemand hört mir zu", könnten wir fragen, „Wirklich niemand?" oder: „Wann haben Sie das zuletzt anders erlebt?". Oder: „Wie würden Sie merken, dass Ihnen jemand zuhört?". Solche Fragen unterbrechen Generalisierungen. Sie holen die Sprache zurück in den Bereich des Konkreten, des Erlebbaren, des Verhandelbaren. Und genau dort beginnt Veränderung.

Auch Metaphern sind ein zentraler Bestandteil systemischer Sprache. Menschen benutzen Bilder, um über komplexe, emotionale oder noch nicht vollständig bewusste Inhalte zu sprechen. „Ich stecke fest, ich fühle mich wie im Nebel, ich laufe gegen Wände, ich bin im falschen Film" - das sind nicht nur sprachliche Verzierungen, das sind Abbilder innerer Landschaften. Wenn wir diese Metaphern aufgreifen, vertiefen, weiterentwickeln, ermöglichen wir neue Zugänge. „Was genau bedeutet es, festzustecken? Wie sieht der Nebel aus? Wie sieht es dahinter aus? Was würde helfen, den Nebel zu lichten? Wer oder was könnte die Wand durchlässig machen?". Solche Fragen nutzen die Sprache des Gegenübers, um in die Tiefe zu gehen. Und oft entstehen gerade durch diese bildhafte Sprache neue Bedeutungen, neue Handlungsmöglichkeiten, neue emotionale Resonanz.

Systemische Gesprächsführung bedeutet auch, Sprache zu spiegeln. Wenn ich höre, dass jemand immer wieder von müssen spricht, kann ich dies behutsam zurückspiegeln. Sie verwenden sehr häufig das Wort müssen. „Darf ich fragen, was passiert, wenn Sie stattdessen von wollen sprechen würden?" Oder. „Wie wäre es, wenn wir für einen Moment annehmen, dass es nicht um ein Müssen, sondern um ein Wollen geht?". Diese kleinen Interventionen verändern den inneren Sprachraum. Sie öffnen den Blick für Alternativen. Und sie helfen, zwischen äußeren Anforderungen und inneren Entscheidungen zu differenzieren.

Die Art, wie wir über Probleme sprechen, beeinflusst auch unsere Beziehung zu ihnen. Wenn jemand sagt: „Ich bin depressiv" wird das Problem zur Identität. Wenn jemand sagt „Ich habe gerade eine Phase, in der ich mich niedergeschlagen fühle", bleibt die Person Subjekt. Externalisierende Sprache, wie sie auch in der narrativen Therapie verwendet wird, kann hier hilfreich sein. Sie erlaubt, das Problem vom Selbst zu trennen. Zum Beispiel: „Wie beeinflusst die Traurigkeit Ihr tägliches Leben? Was tut die Angst, um Ihren Alltag zu bestimmen? Wenn Sie mit dem Druck sprechen könnten, was würde er sagen?". Solche Fragen ermöglichen ein neues Verhältnis zum Problem. Sie machen es sichtbar, greifbar, veränderbar.

Auch im Umgang mit Emotionen spielt Sprache eine zentrale Rolle. Menschen sagen oft: „Ich bin wütend, ich bin traurig, ich bin verzweifelt." Diese Formulierungen machen das Gefühl zur gesamten Identität. Wenn ich stattdessen frage „Was in Ihnen ist wütend?" oder „Wo spüren Sie die Traurigkeit in Ihrem Körper?", verschiebt sich etwas. Das Gefühl wird lokalisiert, benennbar, beobachtbar. Es bleibt nicht diffus, sondern wird Teil eines inneren Erlebens, das in Bewegung gebracht werden kann.

Sprache beeinflusst nicht nur das individuelle Erleben, sondern auch die Beziehung im Gespräch. Die Art, wie ich formuliere, wie ich anspreche, wie ich frage, wirkt unmittelbar auf mein Gegenüber. Ich kann Nähe oder Distanz erzeugen, Vertrauen oder Abwehr. Wenn ich sage: „Was ist das Problem?", schwingt etwas anderes mit als wenn ich frage „Worüber möchten Sie heute sprechen?" Wenn ich sage „Was läuft falsch?", ist das etwas anderes als, „was funktioniert gerade weniger gut?". Diese sprachlichen Feinheiten sind nicht nebensächlich, sie sind zentral. Sie entscheiden mit darüber, ob sich mein Gegenüber öffnet oder zurückzieht, ob das Gespräch fließt oder stockt, ob etwas Neues entstehen kann oder nicht.

Auch Pausen gehören zur Sprache. Das Nicht-Gesagte, das Zögern, das Schweigen, das Innehalten - all das sind Ausdrucksformen, die im Gespräch bewusst wahrgenommen werden können. Wer systemisch arbeitet, hört auch auf das, was zwischen den Worten liegt. Und wer systemisch spricht, erlaubt sich selbst, Raum zu lassen. Nicht jede Frage braucht eine schnelle Antwort. Nicht jede Aussage verlangt eine Reaktion. Manchmal entsteht die tiefste Verbindung im stillen Mitgehen, im gemeinsamen Aushalten, im sprachlichen Innehalten.

In der Arbeit mit Paaren, Familien oder Teams zeigt sich besonders deutlich, wie unterschiedlich Sprache verwendet wird und wie schnell Missverständnisse entstehen. Jeder Mensch bringt seine eigene Sprachkultur mit, geprägt durch Herkunft, Sozialisation, Beruf, Milieu. Was für die eine Person als klar und direkt gilt, wirkt für die andere verletzend oder kalt. Was für den einen ein Ausdruck von Nähe ist, wird von der anderen als distanzlos erlebt. Systemische Gesprächsführung bedeutet, diese Unterschiede nicht zu bewerten, sondern sie sichtbar zu machen. Ich könnte sagen: „Es klingt, als ob Sie mit demselben Wort unterschiedliche Bedeutungen verbinden." Oder: „Darf ich fragen, was dieses Wort für Sie bedeutet?" Oder auch: „Ich habe den Eindruck, dass Ihre Sprache in der Familie sehr unterschiedlich verwendet wird. Können wir das gemeinsam anschauen?". Solche Sätze helfen, Sprachgewohnheiten zu reflektieren und Verständigung zu ermöglichen.

In Teamsupervisionen ist Sprache oft ein Spiegel für unbewusste Dynamiken. Wenn ein Team über eine Kollegin spricht, die schwierig ist, lohnt es sich zu fragen: „Wie sprechen Sie über sie? Welche Worte verwenden Sie? Wie verändert sich die Stimmung im Raum, wenn sie Thema ist?". Solche Fragen lenken die Aufmerksamkeit auf die Sprachebene. Sie ermöglichen, den Sprachgebrauch als Teil der Dynamik zu erkennen und nicht als bloßen Ausdruck von Inhalt. Denn Sprache wirkt. Immer.

In der Supervision von Beratungssituationen ist es hilfreich, die Sprache der Beratenden selbst in den Blick zu nehmen. Welche Worte wähle ich, wenn ich Feedback gebe? Wie spreche ich über meine Klient:innen? Welche inneren Bilder zeigen sich in meiner Wortwahl? Diese Reflexion hilft, die eigene Sprache bewusster zu gestalten. Sie stärkt die professionelle Präsenz, weil sie die Verbindung zwischen Haltung und Sprache verdeutlicht.

Reflexionsfragen

- Welche Sprache verwendest du, wenn du über Probleme sprichst?
- Welche Worte nutzt du, um Ressourcen sichtbar zu machen?
- Wie gehst du mit Etikettierungen oder verallgemeinernden Aussagen im Gespräch um?
- Wie bewusst bist du dir der Wirkung deiner eigenen Sprache?
- Wann hast du zuletzt erlebt, dass eine sprachliche Intervention etwas verändert hat?
- Wie sprichst du über Gefühle und innere Zustände in deiner Praxis?
- Was sagen die Bilder und Metaphern deiner Klient:innen über ihre Wirklichkeit aus?
- Was kannst du tun, um Sprache im Gespräch bewusster und wirksamer zu nutzen?

Sprache ist in der systemischen Gesprächsführung nicht nur Medium, sondern Mitgestalterin von Wirklichkeit. Sie formt das Erleben, prägt Bedeutungen, beeinflusst Handlungsspielräume. Wer systemisch arbeitet, achtet bewusst auf Sprache. Er oder sie hört auf Worte, auf Bilder, auf Muster, auf Metaphern. Und er oder sie spricht mit Bedacht. Nicht, um korrekt zu sein, sondern um Möglichkeiten zu schaffen. Sprache kann festlegen oder öffnen, bewerten oder würdigen, verletzen oder verbinden. In der systemischen Praxis wird Sprache zum Werkzeug für Entwicklung, zur Brücke zwischen innerer Welt und äußeren Beziehungen, zur Bühne, auf der neue Geschichten erzählt werden können. Und wer lernt, Sprache bewusst zu hören und zu gestalten, lernt, Wirklichkeit nicht nur zu beschreiben, sondern mitzugestalten.

Zirkuläres Denken und lösungsorientierte Haltung

Systemisches Denken ist vor allem ein Denken in Zusammenhängen. Es folgt nicht der Logik von Ursache und Wirkung, sondern der Idee wechselseitiger Beeinflussung. Menschen sind keine isolierten Einheiten, sondern Teil sozialer Kontexte, in denen jedes Verhalten auf etwas reagiert und zugleich etwas anderes beeinflusst. Wer systemisch arbeitet, stellt keine linearen Diagnosen, sondern entwickelt Hypothesen, die sich auf Wechselwirkungen stützen. Zirkuläres Denken bedeutet, in Schleifen zu denken. Es bedeutet, Muster zu erkennen, statt nach Schuld zu suchen. Es bedeutet, nicht nur zu fragen, warum etwas passiert, sondern wie es sich auf andere auswirkt und was sich verändert, wenn sich ein Teil des Ganzen verändert.

Ein Beispiel aus der Praxis: Eine Mutter beklagt sich, dass ihr Sohn sich ständig zurückzieht. In einer linearen Denkweise würde man nun die Ursachen bei ihm suchen. Im zirkulären Denken fragen wir: „Wie reagieren Sie auf seinen Rückzug? Was machen Sie, wenn er schweigt? Wie könnte Ihr Verhalten wiederum sein Verhalten beeinflussen? Und was glaubt er, wie Sie sein Verhalten empfinden?" Plötzlich wird sichtbar, dass es sich nicht um ein einseitiges Problem handelt, sondern um eine wechselseitige Dynamik. Diese zu erkennen, öffnet neue Möglichkeiten der Veränderung.

Zirkuläres Denken ist eng verbunden mit einer lösungsorientierten Haltung. Während das eine die Struktur des Denkens betrifft, beschreibt das andere die Ausrichtung der Aufmerksamkeit. Die lösungsorientierte Haltung fragt nicht, wie das Problem entstanden ist, sondern was funktioniert. Sie interessiert sich nicht für Defizite, sondern für Ressourcen. Sie stellt nicht das Problem ins Zentrum, sondern das Ziel. Wenn ein Mensch sagt, ich kann das nicht mehr, fragt die lösungsorientierte Beratung: „Wann war es schon einmal ein wenig besser? Was hat damals geholfen? Was haben Sie trotz allem geschafft? Und woran würden Sie merken, dass sich etwas verändert?"

Diese Haltung ist zutiefst wertschätzend. Sie geht davon aus, dass Menschen Experten und Expertinnen ihres Lebens sind. Dass sie bereits Erfahrungen mit Lösungen gemacht haben. Dass sie in sich das Wissen tragen, was sie brauchen. Die Aufgabe der beratenden Person ist nicht, diese Lösungen vorzugeben, sondern einen Raum zu schaffen, in dem sie wieder erinnert, aktiviert, ausprobiert werden können. Sprache spielt dabei eine zentrale Rolle. Statt von Rückfällen sprechen wir von Herausforderungen. Statt von Widerstand sprechen wir von Schutzstrategien. Statt von Fehlern sprechen wir von Lernmomenten. Diese sprachliche Rahmung beeinflusst, wie Menschen sich selbst erleben.

In der konkreten Gesprächsführung zeigt sich zirkuläres Denken durch besondere Fragetechniken. Zum Beispiel: „Was glauben Sie, wie Ihre Tochter darüber denkt, dass Sie hier sind?" Oder: „Wenn Ihr Partner wüste, wie sehr Sie sich um Veränderung bemühen, was würde sich verändern?" Diese Fragen lenken den Blick weg von der eigenen Problemwahrnehmung und hin zur Beziehungsebene. Sie laden dazu ein, andere Perspektiven einzunehmen. Das ist oft entlastend und eröffnet neue Sichtweisen. Die lösungsorientierte Haltung zeigt sich in Fragen wie: „Was wäre ein erster kleiner Schritt in Richtung Ihres Ziels? Was müsste anders sein, damit sich die Situation um zehn Prozent verbessert? Wer würde den Unterschied als erstes bemerken?".

Besonders kraftvoll sind sogenannte Ausnahmefragen. Sie suchen nach den Momenten, in denen das Problem nicht auftritt oder weniger stark ist. Wenn jemand sagt: „Ich bin ständig überfordert", frage ich: „Wann in letzter Zeit war es ein klein wenig weniger stressig? Was war da anders? Was haben Sie anders gemacht? Und wie könnte man daraus einen wiederholbaren Schritt ableiten?". Solche Fragen sind keine Tricks, sondern Ausdruck von echtem Interesse am Gelingen. Sie bringen das in den Fokus, was bereits da ist und wirken kann. Und sie geben dem Gegenüber das Gefühl, ernst genommen und gestärkt zu werden.

Auch die sogenannte Skalierungsfrage ist Teil der lösungsorientierten Praxis. Sie lautet zum Beispiel: „Auf einer Skala von null bis zehn, wobei null bedeutet „es ist unerträglich" und zehn bedeutet „ich bin mit der

Situation sehr zufrieden" - wo stehen Sie gerade? Was wäre ein realistischer nächster Schritt? Was hat dazu beigetragen, dass Sie nicht bei null stehen?". Diese Fragen helfen, Entwicklung messbar und vor allem erfahrbar zu machen. Sie entdramatisieren und zeigen, dass auch kleine Veränderungen zählen.

Zirkuläres Denken und lösungsorientierte Haltung wirken besonders dann, wenn sie nicht als Technik, sondern als Haltung gelebt werden. Wenn ich mich selbst frage, welche Bedeutung meine Interventionen im System haben. Wenn ich wahrnehme, wie mein Fragen etwas im Gegenüber bewegt. Wenn ich neugierig bleibe, auch wenn die Geschichte mir bekannt vorkommt. Dann entsteht ein Raum, in dem nicht nur gedacht, sondern auch anders gefühlt, erlebt und gehandelt werden kann. Zirkuläres Denken schützt vor vorschnellen Schlussfolgerungen. Die lösungsorientierte Haltung schützt vor problemfixiertem Denken. Gemeinsam schaffen sie einen Prozess, der würdigt, motiviert und in die Zukunft gerichtet ist.

Reflexionsfragen

- Wie sehr gelingt es dir, in Gesprächen den Blick von Problemen auf Ressourcen zu lenken?
- In welchen Momenten denkst du automatisch linear statt zirkulär?
- Welche zirkulären Fragen stellst du besonders gern und warum?
- Wie reagierst du, wenn dein Gegenüber keine Veränderung will?
- Was hilft dir, die lösungsorientierte Haltung auch in schwierigen Gesprächen zu bewahren?
- Welche Formulierungen verwendest du, um kleine Fortschritte sichtbar zu machen?
- Wie achtest du auf deine eigene Sprache, wenn du über Probleme sprichst?
- Wann hast du zuletzt erlebt, dass eine kleine Intervention große Wirkung hatte?

Zirkuläres Denken und lösungsorientierte Haltung sind zentrale Grundpfeiler systemischer Gesprächsführung. Sie erlauben es, nicht in Schuld, sondern in Dynamik zu denken. Nicht in Problemen, sondern in Entwicklung. Sie lenken die Aufmerksamkeit auf Beziehungen, auf Ressourcen, auf Möglichkeiten. Sie laden ein zum Perspektivwechsel, zum Mitdenken, zum Weiterfragen. In der Praxis zeigen sie sich in respektvollen, aktivierenden Fragen, die Menschen darin unterstützen, ihre eigene Wirksamkeit wiederzuentdecken. Wer mit dieser Haltung arbeitet, schafft Gesprächsräume, in denen Vertrauen wachsen kann, in denen neue Bedeutungen entstehen dürfen und in denen kleine Schritte große Veränderungen auslösen können.

Der systemische Gesprächsrahmen

Bevor Worte ihre Wirkung entfalten können, braucht es einen Raum, in dem sie Platz haben. Bevor Fragen in die Tiefe führen, braucht es einen sicheren Rahmen, der dieses Eindringen erlaubt. Und bevor Vertrauen wachsen kann, braucht es Strukturen, die Beziehung tragen. Der systemische Gesprächsrahmen ist nicht nur ein organisatorischer Rahmen, sondern ein atmosphärischer, ein gedanklicher, ein zwischenmenschlicher. Er strukturiert nicht nur den Ablauf eines Gesprächs, sondern er stiftet Orientierung, erzeugt Verbindlichkeit und macht Dialog möglich. In der systemischen Beratung ist dieser Rahmen keine starre Form, sondern ein lebendiger Bezugsrahmen, der immer wieder neu angepasst, ausgehandelt, hinterfragt und weiterentwickelt werden kann.

Ein gelingendes Gespräch beginnt nicht mit dem ersten Satz, sondern mit dem, was davor liegt. Mit der Einladung. Mit dem Ankommen. Mit dem gemeinsamen Verständnis von dem, was hier passieren darf und was nicht. Menschen bringen nicht nur ihre Anliegen mit, sondern auch Erwartungen, Ängste, Erfahrungen, Geschichten. Manche betreten den Beratungsraum mit dem Wunsch nach klarer Lösung, andere mit Widerstand, mit Unsicherheit oder mit einer vorsichtigen Hoffnung, dass es diesmal anders sein könnte. Der systemische Gesprächsrahmen bietet diesen unterschiedlichen inneren Bewegungen einen geschützten Rahmen, ohne sie zu regulieren. Er bietet Orientierung, ohne zu begrenzen. Und er wahrt Struktur, ohne starr zu werden.

Der Gesprächsrahmen beginnt mit der Haltung, die ich als beratende Person einnehme. Bin ich präsent? Offen? Zugewandt? Bereit, mich irritieren zu lassen? Neugierig, ohne aufdringlich zu sein? Diese Fragen entscheiden mit darüber, wie sich ein Gegenüber zeigt. Haltung ist spürbar. Noch bevor der erste Satz gesprochen ist, kommunizieren wir mit Blicken, mit der Art, wie wir zuhören, wie wir den Raum gestalten, wie wir schweigen. All das ist Teil des Rahmens. Ein systemischer Gesprächsrahmen ist also nicht nur eine Struktur, sondern eine Beziehungspraxis.

Diese Beziehungspraxis verlangt, dass wir uns unserer Rolle bewusst sind. In der systemischen Gesprächsführung verstehen wir uns nicht als Wissende, sondern als Ermöglichende. Wir lenken nicht, sondern begleiten. Wir bewerten nicht, sondern beobachten. Wir greifen nicht ein, sondern spiegeln. All das braucht eine Klarheit, die sich im Rahmen manifestiert. Wer ist wofür verantwortlich? Was darf angesprochen werden? Was bleibt draußen? Was ist das Ziel, der Auftrag, die Grenze? In einem systemischen Gesprächsrahmen ist nichts beliebig, aber vieles verhandelbar. Das macht ihn so wirksam.

Gleichzeitig bietet der Gesprächsrahmen eine Art innere Landkarte für beide Seiten. Er schafft eine gemeinsame Vorstellung davon, was das Gespräch leisten kann, wie lange es dauert, worauf es hinausläuft. Auch wenn wir oft ergebnisoffen arbeiten, bedeutet das nicht, dass alles vage bleibt. Im Gegenteil. Ein klarer Rahmen fördert Tiefgang, weil er Sicherheit bietet. Er erlaubt Mut zur Offenheit, weil er Struktur verspricht. Und er macht Entwicklung sichtbar, weil er den Prozess rahmt.

Ein systemischer Gesprächsrahmen ist dynamisch. Er entsteht nicht einmal und bleibt dann für immer gleich, sondern er entwickelt sich mit dem Anliegen, mit der Beziehung, mit der Situation. Er wird manchmal klarer, manchmal durchlässiger. In manchen Momenten braucht es mehr Struktur, in anderen mehr Offenheit. Diese Balance zu spüren, ist Teil der systemischen Kunst. Wir arbeiten nicht mit festen Drehbüchern, sondern mit feinjustierten Resonanzen. Wir reagieren auf das, was im Moment geschieht. Und gerade dadurch bleiben wir am Thema.

Der Gesprächsrahmen umfasst aber nicht nur das Wie des Miteinanders, sondern auch das Was des Settings: Wo findet das Gespräch statt? Wie lange dauert es? Wer ist beteiligt? Welche Rollen werden eingenommen? Was ist vereinbart, was ist unausgesprochen? Wie ist der Einstieg gestaltet? Wie der Abschluss? Diese äußeren Rahmenbedingungen sind keine Nebensächlichkeiten, sondern sie beeinflussen maßgeblich, wie tief ein Gespräch gehen kann. Eine offene Körpersprache, ein begrüßendes Lächeln, ein ruhiger Raum, das Abschalten von Störquellen - all das sind

Elemente eines systemischen Rahmens, der Entwicklung nicht verhindert, sondern ermöglicht.

In dieser Einführung geht es darum, die Grundidee des Rahmens zu verstehen, nicht um ihre Ausgestaltung im Detail. Wir werden uns im nächsten Schritt mit der konkreten Umsetzung befassen: mit der Gestaltung des Settings, der gemeinsamen Kontraktbildung, der Zielklärung und den besonderen Anforderungen verschiedener Settings. Doch bevor wir diesen Rahmen konkret ausgestalten, wollen wir uns bewusst machen, dass er bereits existiert, bevor er ausgesprochen wird. Der systemische Gesprächsrahmen ist mehr als eine Abfolge von Vereinbarungen. Er ist die Summe aus Haltung, Struktur, Beziehung, Resonanz und Kontext. Und genau deshalb verdient er unsere Aufmerksamkeit von Anfang an.

Setting, Kontrakt, Zielklärung

Das Setting bildet den sichtbaren Teil des systemischen Rahmens. Es umfasst die äußeren Rahmenbedingungen, unter denen ein Gespräch stattfindet. Dazu gehören die Räumlichkeiten, die Dauer, der zeitliche Rhythmus, die Beteiligten und die organisatorische Einbettung. Die Art, wie ein Setting gestaltet ist, hat unmittelbare Wirkung auf die Gesprächsdynamik. Ein neutraler Raum, der sowohl Geborgenheit als auch professionelle Distanz vermittelt, kann Vertrauen fördern. Eine durchdachte Sitzordnung signalisiert Wertschätzung und Augenhöhe. Zeitliche Klarheit schafft Struktur und gibt dem Gegenüber Sicherheit. Selbst einfache Elemente wie Licht, Temperatur oder Unterbrechungsmöglichkeiten sind Teil eines Settings, das Gespräche begünstigen oder behindern kann.

Ein systemisches Setting ist stets zweckgebunden und flexibel zugleich. Es berücksichtigt, was die jeweiligen Personen brauchen, um sich öffnen und orientieren zu können. Die Frage nach dem passenden Setting ist nicht nur eine praktische, sondern eine professionelle Entscheidung: Welche Form des Austauschs ist für dieses Anliegen, für diese Person, für diesen Moment hilfreich? Das bedeutet auch, sensibel auf Bedürfnisse einzugehen, Gesprächsräume barrierefrei zu gestalten, Rückzugsmöglichkeiten zu schaffen und dabei stets die Selbstverantwortung der Klient:innen zu respektieren.

Ein gut gewähltes Setting kann bereits ein Teil der Intervention sein. Wenn etwa das Gespräch bewusst außerhalb der üblichen Umgebung stattfindet, kann allein der neue Kontext neue Perspektiven eröffnen. Wenn Paargespräche in einem Setting geführt werden, das beiden Raum gibt und doch Verbundenheit ermöglicht, wirkt dies unterstützend auf den Dialog. Wenn in Gruppensettings auf symbolische Ordnung, auf Kreise, auf Sichtachsen geachtet wird, spiegelt das den systemischen Anspruch von Transparenz und Gleichwertigkeit.

Eng verbunden mit dem Setting ist der Kontrakt. Er beschreibt die expliziten und impliziten Vereinbarungen über den Rahmen des Gesprächsprozesses. Was ist der Auftrag? Welche Rolle nehme ich ein? Was darf erwartet werden, was nicht? Welche Grenzen gibt es? Der Kontrakt klärt die gegenseitigen Erwartungen und schützt damit die Beziehung. Er schafft Transparenz und beugt Missverständnissen vor. Ein Kontrakt kann schriftlich, mündlich oder implizit sein - wichtig ist, dass er bewusst gestaltet und bei Bedarf immer wieder angepasst wird.

In der Praxis bedeutet das, offen über Rollen und Zuständigkeiten zu sprechen. Wer bringt welches Anliegen ein? Was ist das Ziel der Zusammenarbeit? Wer trägt wofür Verantwortung? Besonders in institutionellen Kontexten ist die Kontraktarbeit bedeutsam, da hier häufig mehrere Ebenen und Interessen gleichzeitig zu berücksichtigen sind. Zwischen Auftraggeber:in, Klient:in und beratender Person kann es zu Zielkonflikten kommen, die nur durch einen sauberen Kontrakt lösbar sind. Auch der Umgang mit Schweigepflicht, Dokumentation oder Ergebniserwartungen gehört in diesen Rahmen.

Die Zielklärung bildet den inhaltlichen Kern der systemischen Auftragsarbeit. Sie fragt nicht einfach nach dem Problem, sondern nach dem, was sich verändern soll. Was genau soll am Ende anders sein? Woran würden Sie merken, dass sich das Gespräch gelohnt hat? Wer würde den Unterschied zuerst bemerken? Diese Fragen lenken den Blick auf Entwicklung statt auf Stillstand. Sie machen aus einer problemorientierten Erörterung einen zukunftsgerichteten Prozess. Eine gute Zielklärung ist dynamisch: Sie bleibt offen für neue Erkenntnisse und verändert sich mit dem Prozess. Gleichzeitig gibt sie eine Richtung vor, an der sich alle Beteiligten orientieren können.

In der Praxis kann es hilfreich sein, Ziele in kleine, erreichbare Schritte zu unterteilen. Es geht dabei nicht um starre Zielvereinbarungen, sondern um motivierende Zielbilder, die als Leuchttürme im Prozess fungieren. Systemische Zielarbeit fragt: „Was wäre in einem Monat anders, wenn es besser läuft? Welche Wirkung hätte das auf Ihr Umfeld? Was würden andere sagen, woran sie merken, dass Sie weitergekommen sind?" Solche Fragen helfen, Ziele konkret, anschlussfähig und überprüfbar zu machen. Sie machen aus einem diffusen Wunsch ein gestaltbares Vorhaben.

Ein tragfähiger Gesprächsrahmen entsteht also dort, wo Setting, Kontrakt und Zielklärung bewusst miteinander verknüpft werden. Sie bilden gemeinsam die Grundlage für eine systemische Beratungsbeziehung, die sowohl strukturiert als auch beweglich, sowohl verbindlich als auch offen ist. Diese Balance macht den Unterschied zwischen einem Gespräch, das einfach nur stattfindet, und einem, das wirklich etwas in Bewegung bringt.

Reflexionsfragen

- Wie gestaltest du dein Setting, um Offenheit und Sicherheit zugleich zu fördern?
- Wie kommunizierst du deine Rolle und deinen Auftrag zu Beginn eines Gesprächs?
- Was hilft dir, implizite Erwartungen im Kontrakt zu klären?
- Wie reagierst du, wenn Zielvorstellungen nicht zueinander passen?
- Wie formulierst du Ziele so, dass sie motivieren und nicht überfordern?
- Wie sorgst du dafür, dass Setting, Kontrakt und Zielklärung im Verlauf des Prozesses überprüfbar bleiben?
- In welchen Momenten hast du erlebt, dass allein der Rahmenverlauf schon etwas in Bewegung gebracht hat?

Setting, Kontrakt und Zielklärung bilden die tragenden Säulen eines professionellen systemischen Gesprächsrahmens. Sie schaffen äußere wie innere Sicherheit, sie strukturieren den Prozess, sie fördern Vertrauen und Transparenz. Ein stimmiges Setting eröffnet Räume für Begegnung. Ein klarer Kontrakt schützt die Beziehung und klärt Erwartungen. Eine lebendige Zielklärung ermöglicht es, Veränderung in konkrete Bahnen zu lenken. In ihrer Verbindung erzeugen diese Elemente den Boden, auf dem echte Entwicklung geschehen kann.

Rahmenbedingungen in verschiedenen Settings

Systemische Gespräche finden nicht im luftleeren Raum statt. Sie sind immer eingebettet in einen Kontext, der ihr Gelingen mitbestimmt. Die Rahmenbedingungen, unter denen Gespräche stattfinden, beeinflussen nicht nur, wie Inhalte formuliert werden, sondern auch, welche Themen angesprochen werden, wie tief die Reflexion geht und wie offen sich die Beteiligten einbringen. Die Kunst der systemischen Beratung liegt auch darin, diesen Rahmen nicht als gegeben zu betrachten, sondern ihn bewusst zu gestalten, zu reflektieren und gegebenenfalls zu verändern. Dabei unterscheiden sich Einzel-, Paar-, Familien-, Team- oder Gruppensettings deutlich voneinander - und jedes bringt eigene Dynamiken, Chancen und Herausforderungen mit sich.

Im Einzelsetting ist die Beziehung zwischen Berater:in und Klient:in besonders intensiv. Es gibt Raum für intime Themen, für Selbstreflexion, für feine Resonanzen. Gleichzeitig liegt hier die Verantwortung für den Prozess weitgehend bei zwei Personen. Das verlangt ein hohes Maß an Präsenz, an professioneller Zurückhaltung und an Klarheit über die eigene Rolle. Der Rahmen muss so gestaltet sein, dass auch schwierige Themen benennbar sind. Gerade weil keine dritte Perspektive eingebracht wird, ist die bewusste Einladung zur Mehrperspektivität essenziell: „Was würde jemand Drittes über diese Situation sagen? Wer wäre besonders erstaunt über Ihre Sichtweise?". Solche Fragen erweitern den Horizont. Auch zeitliche Struktur und rhythmische Verbindlichkeit können im Einzelsetting eine stabilisierende Funktion übernehmen. Nicht selten ist das Gespräch einer der wenigen festen Anker im Leben der Klient:in.

Im Paar- oder Familiensetting verschiebt sich der Fokus auf die Beziehung zwischen den Beteiligten. Hier ist der Rahmen deutlich komplexer. Es braucht eine Struktur, die es allen ermöglicht, sich auszudrücken, ohne dass eine Seite dominiert. Auch Allianzen, unausgesprochene Regeln oder generationsübergreifende Loyalitäten spielen eine Rolle. Die Aufgabe der beratenden Person ist es, diesen Raum zu halten, Dynamiken sichtbar zu machen, ohne Partei zu ergreifen, und gleichzeitig den Kontakt zu allen Beteiligten aufrechtzuerhalten. Die Art, wie der Raum gestaltet ist, wer wo sitzt, wer zuerst spricht, ob Kinder anwesend sind - all das ist nicht nebensächlich, sondern Teil der Intervention. Die Struktur der Sitzung muss transparent gemacht werden: Gibt es Phasen, in denen getrennt gesprochen wird? Wird mit Aufstellungen oder Visualisierungen gearbeitet? Wie werden emotionale Eskalationen begleitet? Eine klare Haltung und ein zugewandtes Setting ermöglichen es, auch schwierige Beziehungsmuster zu reflektieren, ohne verletzend zu wirken.

In der Arbeit mit Teams und Gruppen sind die Rahmenbedingungen noch vielschichtiger. Hier treffen verschiedene Rollen, Funktionen, Erwartungen und Kommunikationsstile aufeinander. Der Rahmen muss so gestaltet sein, dass Gruppenprozesse entstehen dürfen, ohne dass sie unreflektiert eskalieren. Klare Absprachen, transparente Ziele, ein wertschätzendes Setting und Regeln für das Miteinander sind unverzichtbar. Gleichzeitig sollte genug Spielraum bleiben, damit Spontaneität, Kreativität und Dialog wirklich möglich werden. Besonders hilfreich ist hier eine Moderation, die sowohl strukturiert als auch resonanzfähig agiert. Der systemische Rahmen bietet Orientierung, aber keine Einengung. Gruppendynamische Prozesse wie Rollenverteilung, informelle Hierarchien oder Zuschreibungen müssen aktiv wahrgenommen und benannt werden können. Auch nonverbale Hinweise, wie sich jemand setzt, wie viel Raum jemand einnimmt oder wie Blickkontakte verteilt sind, gehören zur Beobachtung des Settings. In manchen Kontexten kann es sinnvoll sein, Regeln für die Redezeit, für Feedback oder für Unterbrechungen explizit zu formulieren, um Sicherheit und Fairness zu gewährleisten.

Online-Settings stellen eine besondere Herausforderung dar. Hier fehlt oft die gemeinsame Körperlichkeit, nonverbale Signale sind schwerer zu deuten, technische Probleme können irritieren. Umso wichtiger ist es, den Rahmen explizit zu gestalten: Wie gehen wir mit Störungen um? Was passiert bei Verbindungsabbrüchen? Wie sichern wir Vertraulichkeit? Auch das Ankommen braucht besondere Aufmerksamkeit - ein digitales Vorgespräch, ein bewusstes Einchecken, eine klare Struktur helfen, Beziehung aufzubauen, trotz Distanz. Viele systemische Prinzipien lassen sich gut übertragen, wenn der Rahmen sorgfältig angepasst wird. Besonders wichtig ist, dass auch in der digitalen Begegnung Raum für

Beziehung bleibt. Das kann durch bewusste Pausen, durch Nachfragen zur Befindlichkeit oder durch kleine Rituale gelingen. Auch Visualisierungstools, digitale Whiteboards oder Breakout-Räume können dazu beitragen, einen lebendigen Dialog zu ermöglichen. Entscheidend bleibt die Grundhaltung: Online-Beratung ist nicht weniger systemisch, sie ist lediglich anders gerahmt.

Systemische Beratung in institutionellen Kontexten bringt noch einmal andere Rahmenbedingungen mit sich. Hier wirken strukturelle Machtverhältnisse, organisatorische Vorgaben, politische Interessen mit. Der Kontrakt ist oft mehrschichtig: zwischen Klient:in, Institution und Berater:in. Der Rahmen muss so gestaltet sein, dass auch kritische Themen angesprochen werden dürfen, ohne Repressalien zu fürchten. Gleichzeitig braucht es Sensibilität für die Grenzen des eigenen Einflusses. Die eigene Rolle muss klar benannt und immer wieder reflektiert werden: Bin ich Vermittler:in, Moderator:in, Unterstützer:in, kritische Beobachter:in? Oft ist es notwendig, auch innerhalb der Beratung Rollenwechsel transparent zu machen und zu klären. Zudem ist der Umgang mit Loyalitätskonflikten zentral: Wie kann ich Klient:innen unterstützen, ohne deren Arbeitsverhältnis zu gefährden? Wie wahre ich meine Unabhängigkeit und bleibe trotzdem anschlussfähig an die institutionellen Erwartungen? Eine professionelle Haltung bedeutet hier auch, Spannungsfelder auszuhalten und gleichzeitig handlungsfähig zu bleiben.

Rahmenbedingungen sind nie nur äußerlich. Sie betreffen auch innere Haltungen, unausgesprochene Regeln, Machtverhältnisse und Erwartungen. Wer systemisch arbeitet, nimmt diese Bedingungen nicht als gegeben hin, sondern begreift sie als gestaltbar. In jedem Setting stellt sich neu die Frage: Was braucht es, damit Gespräche gelingen können? Wie kann ich den Rahmen so gestalten, dass Menschen sich zeigen dürfen, ohne sich zu verlieren? Welche Struktur hilft, um Offenheit zu fördern, und wann braucht es den Mut zur Flexibilität? Diese Fragen stellen sich nicht nur zu Beginn, sondern fortlaufend im Beratungsprozess. Ein guter Rahmen ist kein starres Gerüst, sondern ein atmendes Gefüge, das sich mit dem Prozess, den Beteiligten und den Themen mitentwickelt. Je bewusster dieser Rahmen gestaltet wird, desto tragfähiger kann die gemeinsame Arbeit werden.

Reflexionsfragen

- Wie gestaltest du den Rahmen in deinen unterschiedlichen Beratungssettings?
- Was brauchst du selbst, um in Gruppen- oder Familiensettings präsent und ausbalanciert zu bleiben?
- Wie gehst du mit inneren Grenzen um, wenn das Setting herausfordernd ist?
- Was unterscheidet dein Rollenverständnis im Einzel- vom Gruppensetting?
- Welche Aspekte berücksichtigst du besonders bei der Gestaltung von Online-Beratungen?
- Wie sprichst du unausgesprochene Regeln im Setting an, ohne zu verletzen?
- Was hilft dir, Machtasymmetrien im institutionellen Setting sensibel zu balancieren?
- Welche inneren Haltungen beeinflussen deinen Umgang mit strukturellen Rahmenbedingungen?
- Wann hast du zuletzt erlebt, dass eine kleine Veränderung im Setting große Wirkung gezeigt hat?

Rahmenbedingungen in systemischen Gesprächen sind mehr als organisatorische Vorgaben. Sie sind Teil des Beratungsprozesses. Ob Einzel-, Paar-, Familien- oder Gruppensetting, ob online oder vor Ort, ob im freien oder institutionellen Kontext - der Rahmen bestimmt mit, wie tief Gespräche gehen, wie sicher sich Menschen fühlen und wie sehr sie bereit sind, sich auf den Prozess einzulassen. Systemische Fachpersonen gestalten diese Rahmen aktiv, bewusst und kontextsensibel. Sie verstehen Setting nicht als äußeren Rahmen, sondern als integralen Bestandteil professioneller Beziehungsarbeit.

Umgang mit Macht, Rollen, Erwartungen

Systemische Gesprächsführung bedeutet, sich auf eine dynamische Beziehung einzulassen. Diese Beziehung ist nie frei von Macht, nie neutral und nie ohne Rollenzuweisungen. Jede Begegnung ist durchzogen von unausgesprochenen Erwartungen, kulturellen Prägungen, institutionellen Zuschreibungen und individuellen Biografien. Der professionelle Umgang mit diesen Faktoren ist eine zentrale Aufgabe systemischer Praxis. Er erfordert Selbstreflexion, Klarheit und die Bereitschaft, sich immer wieder neu zu verorten.

Macht ist in jeder beraterischen Beziehung vorhanden. Schon allein durch die Rolle, die wir als Fachpersonen einnehmen, entsteht ein asymmetrisches Verhältnis. Klient:innen kommen mit Fragen, mit Belastungen, mit dem Wunsch nach Orientierung - wir reagieren mit Struktur, mit Resonanz, mit systemischen Interventionen. Diese Differenz birgt eine Verantwortung. Sie darf nicht verneint, sondern muss bewusst gemacht und gestaltbar gemacht werden. Systemisches Arbeiten bedeutet nicht Machtausblendung, sondern Machtbewusstheit. Es heißt, die eigene Einflussmöglichkeit transparent zu machen, sie zu begrenzen, wo nötig, und sie zur Ermöglichung zu nutzen.

Macht zeigt sich in vielen Formen: in Sprache, in Zeit, in Raumgestaltung, in Themenwahl, in der Deutungshoheit. Wer fragt, bestimmt mit, worüber gesprochen wird. Wer hört, entscheidet, was aufgenommen wird. Wer strukturiert, beeinflusst den Verlauf. All das ist nicht per se problematisch, aber es muss bewusst und reflektiert geschehen. Eine systemische Grundhaltung strebt danach, Macht nicht zu instrumentalisieren, sondern in Beziehung zu setzen. Das bedeutet, die Klient:innen in ihrer Autonomie zu stärken, Wahlmöglichkeiten aufzuzeigen, Perspektiven zu erweitern und stets auch die eigenen Interventionen zur Disposition zu stellen. Machtverhältnisse sind zudem eingebettet in gesellschaftliche Strukturen. Alter, Herkunft, Geschlecht, Sprache, Bildung, Gesundheit, sozialer Status - all das wirkt mit in Gesprächen, ob bewusst oder unbewusst. Der professionelle Umgang damit beginnt bei der eigenen Sensibilität: Wie wirke ich auf andere? Welche Privilegien trage ich mit mir?

Welche Bilder und Normen beeinflussen mich? Machtkritisches Arbeiten heißt auch, eigene blinde Flecken zu hinterfragen und Diskriminierungen nicht zu reproduzieren, sondern sichtbar zu machen.

Rollen in systemischen Gesprächen sind ebenso vielschichtig. Wir treten ein als Berater:in, als Supervisor:in, manchmal auch als Vermittler:in oder Moderator:in. Jede dieser Rollen bringt andere Erwartungen mit sich. Gleichzeitig projizieren Klient:innen häufig Vorstellungen, Hoffnungen oder auch Ängste auf uns. Wer als Expert:in wahrgenommen wird, wird anders behandelt als jemand, der als Zuhörer:in erlebt wird. Diese Zuschreibungen zu erkennen und zu thematisieren, ist eine wichtige Aufgabe. Es geht nicht darum, alle Projektionen aufzulösen, sondern sie in den Dialog einzubringen: Wie sehen Sie meine Rolle? Was erwarten Sie von mir? Was davon kann ich leisten, was nicht? Manchmal wechseln Rollen auch innerhalb eines Gesprächs. Wir sind mal Strukturgeber:in, dann Fragesteller:in, dann Resonanzboden. Diese Wechsel müssen nicht stören, solange sie bewusst vollzogen und transparent gemacht werden. Gerade in komplexen Prozessen mit mehreren Beteiligten ist es wichtig, Klarheit über die eigene Rolle zu behalten. Wer moderiert hier? Wer berät? Wer beobachtet? Wer konfrontiert? Die Fähigkeit, zwischen Rollen zu wechseln, ist eine professionelle Stärke - vorausgesetzt, sie dient dem Prozess und wird nicht durch unbewusste Muster gesteuert.

Auch unsere eigenen inneren Rollenbilder spielen eine Rolle. Bin ich geneigt, zu retten? Zu belehren? Zu übernehmen? Oder neige ich zur Distanz, zur Struktur, zum Rückzug? Diese inneren Muster beeinflussen, wie wir Gespräche führen, wie wir reagieren, wie wir mitschwingen. Ein reflektierter Umgang mit Rollen heißt deshalb auch: sich selbst gut zu kennen, Feedback einzuholen, das eigene Verhalten zu beobachten und sich kontinuierlich weiterzuentwickeln. Supervision, Intervision und kollegiale Beratung sind unverzichtbare Instrumente, um die eigene Rollengestaltung bewusst zu gestalten.

Auch Humor kann ein hilfreiches Mittel sein, um Rollenflexibilität zu zeigen und gleichzeitig zu entlasten. Wer eigene Rollen spielerisch reflektieren kann, signalisiert menschliche Nähe, ohne an professioneller Klarheit zu verlieren. Es ist ein Zeichen von Reife, die eigene Rolle nicht zu absolut setzen, sondern sie in Beziehung zum Prozess, zum Gegenüber und zur Situation zu gestalten.

Erwartungen sind der dritte zentrale Bereich. Sie wirken oft unsichtbar, aber kraftvoll. Klient:innen bringen Erwartungen mit an den Prozess, an die Methode, an die beraterische Beziehung. Manche hoffen auf schnelle Lösungen, andere auf Verständnis, wieder andere auf Entlastung oder Entscheidungshilfen. Diese Erwartungen offen zu besprechen, ist eine klärende und oft entlastende Intervention. „Was wünschen Sie sich von unserem Gespräch? Was soll hier nicht passieren? Was brauchen Sie, damit Sie sich öffnen können?". Solche Fragen holen Erwartungen aus dem Verborgenen und machen sie verhandelbar.

Erwartungen sind nicht nur individuell, sondern auch kulturell geprägt. Was in einem Kontext als hilfreich gilt, kann in einem anderen als übergriffig empfunden werden. Systemische Gesprächsführung bedeutet deshalb auch, Erwartungen nicht zu verallgemeinern, sondern immer im konkreten Kontext zu betrachten. Dazu gehört, Sprachbilder zu überprüfen, kulturelle Codes zu reflektieren und nicht von der eigenen Vorstellung von Gesprächsführung auf andere zu schließen. Auch wir selbst haben Erwartungen. An den Verlauf, an die Wirkung unserer Interventionen, an das Verhalten unseres Gegenübers. Diese eigenen Erwartungen zu erkennen, ist entscheidend, um Enttäuschungen zu vermeiden und um wirklich offen im Kontakt zu bleiben. Systemische Gesprächsführung ist keine Bühnenshow mit festen Rollen und Drehbuch. Sie ist ein lebendiges, fein abgestimmtes Zusammenspiel, das sich zwischen Macht, Rollen und Erwartungen immer wieder neu austariert. Wer professionell arbeiten will, braucht deshalb nicht nur Methodenkompetenz, sondern auch Beziehungskompetenz.

Besonders wichtig ist, im Umgang mit Erwartungen eine Balance zu finden zwischen Zuhören und Führen, zwischen Resonanz und Struktur, zwischen Empathie und Klarheit. Wenn wir alle Erwartungen erfüllen wollen, verlieren wir uns. Wenn wir alle Erwartungen enttäuschen, verlieren wir das Gegenüber. Professionelles Arbeiten bedeutet, Erwartungen zu würdigen, zu klären, zu spiegeln - aber nicht, sie unhinterfragt zu bedienen.

Reflexionsfragen

- Wie bewusst ist dir deine eigene Rolle in systemischen Gesprächen?
- Wann hast du zuletzt gespürt, dass dein Machtvorsprung Wirkung entfaltet hat?
- Wie gehst du mit Erwartungen um, die du nicht erfüllen kannst oder willst?
- Welche Rollenbilder beeinflussen deine Art zu beraten?
- Wie sprichst du Machtverhältnisse in der Beratung an, ohne zu dominieren?
- Was hilft dir, deinen Einfluss bewusst und transparent zu gestalten?
- Wie reagierst du, wenn du das Gefühl hast, dass du in eine Rolle gedrängt wirst, die dir nicht entspricht?
- Welche deiner eigenen Erwartungen bringst du in Gespräche ein - und wie bewusst ist dir das?
- Inwiefern prägen kulturelle oder institutionelle Kontexte dein Verständnis von Rolle, Macht und Erwartungen?
- Wann hast du zuletzt erlebt, dass ein Rollenkonflikt oder eine Erwartungskollision zu einer produktiven Wendung im Gespräch geführt hat?

Systemische Gespräche sind eingebettet in ein komplexes Feld aus Machtverhältnissen, Rollenzuschreibungen und Erwartungen. Diese zu erkennen, anzusprechen und gestaltbar zu machen, gehört zum Kern professionellen Handelns. Macht sollte nicht verleugnet, sondern verantwortungsvoll genutzt werden. Rollen müssen nicht starr definiert, aber bewusst gelebt werden. Erwartungen sollten nicht ignoriert, sondern offen verhandelt werden. Der professionelle Umgang mit diesen Aspekten macht aus einem Gespräch einen echten Dialog auf Augenhöhe.

Einführung in Systemische Fragetechniken

Fragen sind das Herz systemischer Gesprächsführung. Nicht als Werkzeuge zur Informationsgewinnung, sondern als Impulse zur Bedeutungsveränderung, als Interventionen, die Wirklichkeiten verschieben, als Einladungen, die Perspektiven erweitern. Wer systemisch arbeitet, fragt nicht, um zu wissen, sondern um zu verändern. Um das Mögliche sichtbar zu machen. Um Beweglichkeit in festgefahrene Situationen zu bringen. Systemisches Fragen ist nicht neutral, sondern gestaltend. Es ist keine Technik im Sinne eines Tools, sondern Ausdruck einer Haltung, die davon ausgeht, dass Wirklichkeit konstruiert, mehrdeutig und veränderbar ist.

Diese Einführung bietet einen Überblick über systemische Fragetechniken. Sie soll kein Katalog sein, kein Schema, das abgearbeitet wird, sondern ein Einstieg in die Denkweise, die systemisches Fragen ausmacht. Die Struktur, die hier entsteht, ist ein vorläufiges Gerüst, hilfreich zur Orientierung, aber niemals abschließend. Denn Fragen entwickeln ihre Wirkung nicht nur durch ihre Form, sondern durch ihren Kontext, durch die Haltung, mit der sie gestellt werden, durch die Beziehung, in der sie stehen.

Systemische Fragen sind grundsätzlich zukunftsgerichtet, ressourcenorientiert, kontextsensibel und mehrperspektivisch. Sie fragen nach dem, was möglich ist, nicht nur nach dem, was fehlt. Sie fragen nach Ausnahmen, nach Unterschieden, nach Sichtweisen anderer. Sie verweigern sich dem Reiz, vorschnelle Lösungen zu bieten. Stattdessen schaffen sie Möglichkeitsräume. Wer fragt, handelt. Und wer systemisch fragt, handelt im Dienst der Entwicklung.

Ein wesentliches Merkmal systemischen Fragens ist seine zirkuläre Struktur. Statt nach Ursachen zu suchen, werden Zusammenhänge exploriert. Die klassische zirkuläre Frage lautet nicht: „Warum handeln Sie so?", sondern: „Was glauben Sie, wie Ihre Kollegin Ihre Reaktion auf das Verhalten Ihres Vorgesetzten einschätzt?" Solche Fragen verschieben den Fokus. Sie bringen neue Sichtweisen ins Spiel. Sie irritieren auf produktive

Weise. Sie führen aus der Innenperspektive heraus und machen andere Wirklichkeitskonstruktionen erfahrbar.

Auch hypothetische Fragen spielen eine zentrale Rolle. Sie laden dazu ein, sich mögliche Zukünfte vorzustellen, Varianten zu entwerfen, Spielräume auszuloten. „Was wäre anders, wenn Sie morgen mit dieser Situation gut umgehen könnten?" Solche Fragen geben keine Richtung vor, sondern öffnen Denkprozesse. Sie machen Entwicklung vorstellbar. Und was vorstellbar wird, kann auch gestaltbar werden.

Lösungsorientiertes Fragen zielt nicht auf die Analyse des Problems, sondern auf das, was schon gelungen ist. „Was war zuletzt ein bisschen besser? Was haben Sie getan, dass das möglich wurde? Was könnten Sie davon wiederholen?" Diese Fragen stärken Selbstwirksamkeit. Sie zeigen, dass bereits Ressourcen vorhanden sind. Und sie helfen, Handlungsschritte daraus abzuleiten.

Eine besondere Form stellt die Skalierungsfrage dar. Sie macht Unterschiede sichtbar und Fortschritte messbar. „Auf einer Skala von 0 bis 10: wo stehen Sie heute? Was hat dazu beigetragen, dass Sie nicht bei 0 stehen? Was wäre ein nächster kleiner Schritt in Richtung 7?" Diese Fragen eignen sich besonders in Prozessen, in denen Entwicklungen erfahrbar gemacht werden sollen. Sie schaffen Struktur und machen kleinste Veränderungen wertvoll.

Metaphernfragen, zirkuläre Fragen, paradoxe Fragen, Externalisierungen, Beobachtungsaufträge - all das sind Formen, die im systemischen Repertoire ihren Platz haben. Aber sie sind keine Formeln. Ihre Wirkung entsteht aus dem Zusammenspiel von Beziehung, Timing, Sprache und Haltung. Gute Fragen entstehen aus dem Moment, aus dem Kontakt, aus dem echten Interesse am Gegenüber. Wer zu schnell fragt, verliert die Beziehung. Wer zu langsam fragt, verliert den Fokus. Wer nicht zuhört, kann keine Fragen stellen, die tragen.

Diese Einführung ist ein Plädoyer für die Kunst des Fragens. Für ein Fragen, das nicht kontrolliert, sondern entfaltet. Nicht diagnostiziert, sondern inspiriert. Nicht in Schubladen denkt, sondern in Verbindungen. Die folgenden Kapitel werden einzelne Fragetypen vertiefen, ihre Wirkmechanismen erklären, Beispiele geben und zur Anwendung einladen. Aber vor jeder Technik steht die Haltung: dem Gegenüber zutrauen, dass Entwicklung möglich ist. Und mit jeder Frage genau daran mitzuwirken.

Historisierende Fragen

Historisierende Fragen richten den Blick zurück. Nicht um Vergangenes zu bewerten oder Schuld zuzuweisen, sondern um Muster, Bedeutungen und Entwicklungen sichtbar zu machen. Sie holen Biografie, Kontexte und bisherige Erfahrungen in den Dialog und laden dazu ein, aktuelle Herausforderungen in einem größeren Zusammenhang zu verstehen. Historisierende Fragen sind ressourcenorientiert, weil sie die Bewältigungskraft der Vergangenheit sichtbar machen. Sie sind dekonstruierend, weil sie scheinbar feste Narrative auflösen können. Und sie sind verstehend, weil sie Verhalten und Emotionen in einen Sinnzusammenhang stellen.

Diese Form des Fragens basiert auf dem systemischen Verständnis, dass jedes Verhalten einen Ursprung, eine Geschichte, einen Hintergrund hat. Sie eröffnet einen Raum, in dem Menschen sich selbst in ihrer Entwicklung erkennen können. Durch die Beschäftigung mit der eigenen Geschichte, mit wiederkehrenden Mustern und Erfahrungen entsteht ein größeres Verständnis für aktuelle Denk- und Handlungsmuster. Dadurch kann es gelingen, eingefahrene Reaktionsweisen zu hinterfragen, einzuordnen und möglicherweise neu zu gestalten.

Ein Beispiel: Jemand beschreibt, dass er sich im beruflichen Kontext ständig unter Druck fühlt. Eine historisierende Frage könnte lauten: „Wann haben Sie das zum ersten Mal in dieser Weise erlebt?" Oder: „Woher kennen Sie dieses Gefühl, sich beweisen zu müssen?" Die Antwort führt oft zu Erfahrungen aus Kindheit, Schule, früheren Beziehungen - nicht um zu pathologisieren, sondern um zu verstehen, wie sich innere Dynamiken gebildet haben. Was gelernt wurde, kann auch verlernt werden. Was Sinn machte, kann umgeschrieben werden.

Die Kraft historisierender Fragen liegt in ihrer Fähigkeit, Distanz zu schaffen. Wenn Klient:innen sich bewusst werden, dass ein gegenwärtiges Erleben ein Echo vergangener Situationen ist, entsteht die Möglichkeit, sich nicht vollständig mit dem Gefühl zu identifizieren. Etwas wird sichtbar, das nicht mehr zwangsläufig so bleiben muss. Das kann entlastend wirken und eröffnet neue Gestaltungsspielräume im Hier und Jetzt.

Historisierende Fragen lassen sich auch auf familiendynamischer Ebene einsetzen: „Wer in Ihrer Herkunftsfamilie war zuständig dafür, Konflikte zu vermeiden? Wie wurde bei Ihnen zu Hause mit Fehlern umgegangen? Wer durfte laut werden? Wer musste stark sein?" Solche Fragen bringen oft alte Ordnungen ins Bewusstsein, die in aktuellen Systemen unbewusst weiterwirken. Ihre Wirkung liegt nicht im Aufdecken, sondern im Sichtbarmachen und im Ermöglichen eines bewussten Umgangs damit. Wenn deutlich wird, dass eine Person immer dann in Rückzug geht, wenn andere wütend werden, weil das schon in der Kindheit als Schutzmuster diente, dann kann mitfühlendes Verstehen entstehen - gegenüber sich selbst und dem eigenen Verhalten.

Auch Ressourcen können historisiert werden: „Wann ist es Ihnen schon einmal gelungen, mit einer ähnlichen Situation gut umzugehen? Was hat Ihnen damals geholfen? Wer hat Sie unterstützt? Welche Eigenschaften von sich haben Sie damals besonders gespürt?" Diese Fragen zeigen: Menschen haben bereits vielfach bewältigt. Sie sind nicht hilflos, sie haben Geschichte. Und diese Geschichte ist nicht nur eine Last, sondern auch eine Ressource. Gerade in krisenhaften Zeiten hilft es, sich an frühere Herausforderungen zu erinnern, die man gemeistert hat. Die Rekonstruktion eigener Erfolge kann das Selbstbild stärken und Hoffnung ermöglichen.

In der systemischen Beratung dienen historisierende Fragen häufig dazu, biografische Kontinuitäten und Brüche erfahrbar zu machen. „Wann hat sich etwas verändert? Was war vorher anders? Gab es einen Moment, an dem Sie begonnen haben, Dinge anders zu sehen?" Durch diese Fragen werden Übergänge sichtbar, persönliche Entwicklungen anerkannt und manchmal auch neue Deutungen möglich. Das führt nicht selten zu einem versöhnlicheren Blick auf sich selbst - insbesondere dann, wenn frühere Verhaltensmuster nicht mehr als Schwächen, sondern als ehemals hilfreiche Strategien verstanden werden können.

Wichtig ist, dass historisierende Fragen nicht zur Problemvertiefung führen. Sie dienen nicht dem Aufrollen vergangener Leiden, sondern der Kontextualisierung. Sie fragen nach Entwicklungslinien, nicht nach

Defiziten. Sie machen deutlich: Das, was ist, ist geworden. Und was geworden ist, kann sich auch wandeln. Historisierende Fragen geben Tiefe, ohne in die Vergangenheit zu fliehen. Sie stellen Verbindung her zwischen damals und heute, zwischen Erfahrung und Gegenwart, zwischen biografischem Lernen und möglichem Umlernen.

Abschließend lässt sich sagen: Historisierende Fragen eröffnen ein Verständnis für Zusammenhänge. Sie geben Orientierung, wo etwas diffus scheint. Und sie bringen Mitgefühl dorthin, wo bisher nur Selbstkritik war. Wer versteht, wie etwas geworden ist, kann entscheiden, wie es weitergehen soll.

Beispielfragen

- Wann haben Sie dieses Gefühl zum ersten Mal so stark erlebt?
- Was war in Ihrem Leben los, als dieses Muster zum ersten Mal aufgetreten ist?
- Wie wurde in Ihrer Familie mit solchen Situationen umgegangen?
- Welche Bedeutung hatte dieses Verhalten damals für Sie?
- Wer hat Ihnen früher geholfen, in schwierigen Momenten Halt zu finden?
- Gibt es frühere Situationen, in denen Sie ähnliche Herausforderungen gemeistert haben?
- Welche Werte oder Überzeugungen haben Sie damals geprägt?
- Was war früher anders, als Sie sich in solchen Situationen sicherer gefühlt haben?
- Welche Ihrer Stärken haben Sie in früheren Krisen besonders getragen?
- Wie hat sich Ihre Sichtweise auf diese Themen über die Jahre verändert?

Fokussierende Fragen

Fokussierende Fragen helfen dabei, in einem Gespräch Klarheit zu schaffen, Prioritäten zu erkennen und Orientierung zu gewinnen. Sie unterbrechen das Kreisen um diffuse Themen und bringen die Aufmerksamkeit auf das Wesentliche. In der systemischen Gesprächsführung sind sie besonders dann hilfreich, wenn Klient:innen sich im Erzählen verlieren, sich überfordert fühlen oder selbst nicht genau wissen, worum es eigentlich geht. Fokussierende Fragen bringen Struktur, ohne einzuengen. Sie sind ein Angebot zur Selbstklärung und zur Sortierung.

Fokussieren bedeutet nicht, dass etwas ausgeschlossen wird. Es bedeutet, sich auf einen bestimmten Aspekt zu konzentrieren, um Tiefe zu ermöglichen. Statt von allem ein bisschen zu berühren, wird ein Bereich bewusst in den Mittelpunkt gerückt. Das schafft Raum für differenzierte Wahrnehmung und erleichtert es, Zusammenhänge zu verstehen. In dieser Weise unterstützen fokussierende Fragen dabei, das innere Erleben zu ordnen und sich handlungsfähig zu erleben.

Ein klassisches Beispiel für eine fokussierende Frage lautet: „Worüber möchten Sie heute ganz konkret sprechen?" Oder: „Wenn wir auf diesen Aspekt schauen - was daran ist für Sie gerade am wichtigsten?" Solche Fragen bringen die Aufmerksamkeit auf das, was jetzt gerade Bedeutung hat. Sie helfen dabei, aus dem Gefühl der Überwältigung herauszutreten und ins bewusste Gestalten zu kommen.

Fokussierende Fragen sind besonders in der Anfangsphase eines Gesprächs oder einer Sitzung nützlich, um ein gemeinsames Arbeitsbündnis zu schaffen. Aber auch im Verlauf können sie immer wieder eingesetzt werden, um ein Gespräch zu bündeln oder einen Wechsel von der Analyse in die Tiefe zu initiieren. Sie zeigen, dass es erlaubt ist, innezuhalten, zu reflektieren, den Kurs zu überprüfen.

Diese Fragen sind oft kurz, präzise und direkt. Sie zielen auf eine konkrete Auswahl, nicht auf ein Urteil. Dabei kann es hilfreich sein, mit Visualisierungen zu arbeiten oder mit Metaphern: „Wenn Sie all das, was Sie beschäftigt, in eine Kiste packen würden: Was läge ganz oben drauf?" oder: „Welcher dieser Gedanken zieht gerade am meisten Energie?" Solche Bilder unterstützen das innere Sortieren und machen es leichter, das Wichtige vom Dringenden zu unterscheiden.

Fokussierende Fragen können auch genutzt werden, um neue Energie in ein Gespräch zu bringen. Wenn sich vieles im Kreis dreht, wenn Klient:innen das Gefühl haben, dass sich nichts bewegt, kann eine fokussierende Frage Orientierung geben: „Was wäre jetzt der eine Gedanke, der sich lohnt, weiterzuverfolgen?" oder: „Wenn wir etwas mitnehmen aus diesem Gespräch - was wäre das Wichtigste?"

Auch in Entscheidungsprozessen sind fokussierende Fragen hilfreich. Sie fördern die Selbstklärung, ohne Ratschläge zu geben: „Welche Option fühlt sich für Sie stimmiger an?" oder: „Was wäre die erste kleine Handlung, die Sie in Richtung dieser Entscheidung bringen könnte?" Indem sie die Aufmerksamkeit auf das Naheliegende und Handhabbare lenken, helfen diese Fragen, ins Tun zu kommen.

Fokussierende Fragen setzen voraus, dass die beratende Person mit der Unsicherheit umgehen kann, die am Anfang eines offenen Gesprächs oft steht. Sie bieten Orientierung ohne Belehrung, Klarheit ohne Vereinfachung. Wer fokussiert, nimmt ernst, dass Komplexität nicht durch Ausweitung, sondern durch differenzierte Konzentration bewältigt werden kann. Dabei gilt: Die Entscheidung, was fokussiert wird, liegt stets bei den Klient:innen.

Beispielfragen

- Worauf möchten Sie heute Ihren Fokus legen?
- Was beschäftigt Sie im Moment am stärksten?
- Welcher Aspekt dieser Situation ist für Sie gerade am wichtigsten?
- Wenn Sie all Ihre Gedanken sortieren würden - was steht ganz oben?
- Was möchten Sie am Ende dieses Gesprächs für sich geklärt haben?

- Welche Frage würden Sie sich selbst stellen, wenn Sie ganz ehrlich wären?
- Welches Thema zieht Ihre Aufmerksamkeit immer wieder an?
- Worauf lohnt es sich heute besonders, genauer zu schauen?
- Wenn wir nur über einen Punkt sprechen könnten - welcher wäre das?
- Was wäre das eine Thema, das jetzt wirklich weiterbringt?

Unterschiedsbildende Fragen

Unterschiedsbildende Fragen sind ein kraftvolles Werkzeug systemischer Gesprächsführung. Sie richten die Aufmerksamkeit gezielt auf Differenzen, auf Abweichungen, auf Nuancen. Statt nach dem Allgemeinen, dem Wiederholbaren oder dem „Typischen" zu fragen, laden sie dazu ein, Unterschiede wahrzunehmen: zwischen gestern und heute, zwischen Problem und Ausnahme, zwischen Selbstbild und Fremdbild, zwischen verschiedenen Versionen der eigenen Geschichte. So schaffen sie die Grundlage für Entwicklung, weil Veränderung immer dort beginnt, wo ein Unterschied erkennbar wird.

In der systemischen Logik ist der Unterschied die kleinste Einheit der Veränderung. Wenn etwas nicht mehr gleich ist, ist es bereits anders. Und wenn etwas anders ist, kann daraus Neues entstehen. Unterschiedsbildende Fragen fördern diese feine Verschiebung. Sie holen die Aufmerksamkeit aus der Problemtrance heraus und lenken sie auf das, was sich abhebt, was auffällt, was gelungen ist. Damit arbeiten sie auch gegen die Tendenz des Erlebens, Unterschiede zu übersehen oder zu nivellieren.

Ein klassisches Beispiel: „Gab es einen Moment in dieser Woche, der sich ein wenig leichter angefühlt hat?" Oder: „Was war heute anders als an den Tagen, an denen Sie sich besonders belastet gefühlt haben?" Solche Fragen ermöglichen es, auch kleinste Bewegungen wahrzunehmen. Sie fördern Achtsamkeit für Veränderungen, die sonst unbemerkt bleiben würden, und sie stärken damit die Selbstwirksamkeit.

Unterschiedsbildende Fragen sind eng verwandt mit lösungsorientiertem Arbeiten. Sie helfen dabei, Ausnahmen vom Problem zu identifizieren, positive Abweichungen zu entdecken und Muster des Gelingens zu rekonstruieren. Besonders wirksam sind sie, wenn Klient:innen in Mustern des Stillstands oder der Hoffnungslosigkeit gefangen sind. Wenn jemand sagt: „Es ist immer gleich", dann kann die Frage: „Gab es vielleicht eine kleine Situation, die nicht ganz gleich war?" eine Öffnung erzeugen.

Dabei ist die Haltung entscheidend. Unterschiedsbildendes Fragen braucht echte Neugier. Es darf nicht in Richtung „Sieh doch, es war doch gar nicht so schlimm" gehen. Es geht nicht darum, das Erleben der Klient:innen umzudeuten, sondern darum, neue Aspekte wahrnehmbar zu machen. Es geht um Differenzierung, nicht um Verharmlosung. Um Verfeinerung der Wahrnehmung, nicht um positives Denken.

Unterschiede können auf vielen Ebenen entdeckt werden: im Verhalten, im Erleben, in der Beziehungsgestaltung, im Tagesverlauf, in der Körpersprache, im Umgang mit Emotionen. Unterschiedsbildende Fragen sensibilisieren für diese feinen Bewegungen. „Was genau war heute anders, dass Sie sich weniger erschöpft gefühlt haben?" oder „Woran haben Sie gemerkt, dass das Gespräch mit Ihrer Kollegin besser verlaufen ist als sonst?"

Solche Fragen laden zur Selbstbeobachtung ein. Sie stärken die Fähigkeit, Unterschiede nicht nur zu erleben, sondern auch zu beschreiben. Das verankert Veränderung und macht sie reproduzierbar. Wenn jemand benennen kann, was anders war, kann er oder sie auch eher dafür sorgen, dass es wieder geschieht. Das ist einer der stärksten Effekte dieser Frageform.

Unterschiedsbildende Fragen sind auch hilfreich, um innere Ambivalenzen sichtbar zu machen. Wenn jemand sich hin- und hergerissen fühlt, können Fragen wie „Welcher Teil in Ihnen möchte das eine, welcher das andere?" oder „Woran merken Sie, wann der Wunsch nach Rückzug stärker ist als der nach Kontakt?" dazu beitragen, innerpsychische Unterschiede zu erkunden, ohne sie auflösen zu müssen.

Auch in der Arbeit mit Paaren oder Teams sind unterschiedsbildende Fragen wertvoll. „Was war heute anders an Ihrer Kommunikation?" oder „Gab es einen Moment, in dem Sie sich ein Stück näher waren als sonst?" fördern die Wahrnehmung für gelingende Mikro-Momente. Das schafft eine neue Gesprächsbasis jenseits von Schuld oder Analyse.

Diese Fragen erfordern Aufmerksamkeit, Geduld und feines Hinhören. Sie sind besonders dann wirksam, wenn sie nicht mit großen Veränderungen rechnen, sondern das Kleine, das Unterschiedliche, das Neue ins Zentrum stellen. Oft sind es genau diese Unterschiede, die langfristig den Boden für Entwicklung bereiten.

Beispielfragen

- Gab es heute einen kleinen Moment, der sich leichter angefühlt hat als sonst?
- Was war diesmal anders als bei ähnlichen Situationen in der Vergangenheit?
- Woran haben Sie gemerkt, dass heute etwas besser funktioniert hat?
- Welche Unterschiede haben Sie in Ihrem Verhalten wahrgenommen?
- Gab es eine Reaktion von Ihnen, die neu oder ungewohnt war?
- Wie hat sich die Stimmung heute unterschieden von anderen Tagen?
- Was war heute anders im Kontakt mit der anderen Person?
- In welchem Moment haben Sie sich anders gefühlt als sonst?
- Was haben Sie heute anders gemacht, ohne es vielleicht gleich zu merken?
- Was war der kleinste Unterschied, der einen Unterschied gemacht hat?

Zirkuläre Fragen

Zirkuläre Fragen sind ein zentraler Bestandteil systemischer Gesprächs-führung. Sie markieren einen grundlegenden Perspektivwechsel: weg von einer linearen Logik hin zu einem Denken in Wechselwirkungen, Be-ziehungen und Bedeutungszuschreibungen. Statt nach Ursachen zu su-chen, explorieren zirkuläre Fragen die Bedeutung von Verhalten im Kon-text sozialer Systeme. Sie gehen davon aus, dass sich Wirklichkeit nicht aus einem inneren Zustand heraus erklärt, sondern aus den vielfältigen Beziehungen, in die Menschen eingebettet sind.

Diese Art zu fragen erweitert das Dialogfeld. Sie bringt Dritte ins Spiel, eröffnet neue Blickwinkel und trägt dazu bei, festgefahrene Sichtweisen aufzubrechen. Indem zirkuläre Fragen auf Hypothesen über Gedanken, Reaktionen oder Interpretationen anderer abzielen, laden sie zu Perspek-tivwechseln ein. Dabei entstehen neue Ideen über Zusammenhänge, Rol-len und Dynamiken.

Ein klassisches Beispiel: Statt zu fragen „Warum streiten Sie mit Ihrer Partnerin?" lautet die zirkuläre Variante: „Was glauben Sie, was Ihre Part-nerin denkt, wenn Sie sich aus dem Gespräch zurückziehen?" Oder: „Was würde Ihr Sohn vermuten, warum Sie Ihrer Partnerin in dieser Situation zustimmen?" Solche Fragen machen nicht nur eigene Positionen sicht-bar, sondern auch die angenommenen oder zugeschriebenen Sichtwei-sen anderer.

Zirkuläre Fragen lassen sich in verschiedene Kategorien unterteilen: Fra-gen nach Fremdwahrnehmung, nach Wechselwirkungen, nach Bezie-hungsdefinitionen, nach systemischen Rollen oder auch nach hypotheti-schen Reaktionen. Ihnen gemeinsam ist, dass sie Beziehungsdynamiken thematisieren und das Denken in „sozialen Landkarten" fördern. In der Praxis bedeutet das, dass Gespräche nicht nur um Ich-Botschaften krei-sen, sondern auch um die Wirkungen im System.

Besonders wirkungsvoll sind zirkuläre Fragen in Familien- oder Teamsys-temen. Wer glaubt, dass nur der oder die andere sich ändern muss, wird durch eine Frage wie „Was glauben Sie, was Ihre Tochter fühlt, wenn sie Sie in dieser Situation beobachtet?" dazu eingeladen, die Perspektive zu wechseln. Das bringt Bewegung in festgefahrene Muster. Auch in Einzelsitzungen lassen sich durch zirkuläre Fragen andere Stimmen symbolisch in den Raum holen. Das kann hilfreich sein, um ambivalente Themen zu klären oder neue Handlungsoptionen zu entdecken.

Zirkuläre Fragen sind keine Technik, die mechanisch eingesetzt wird. Ihre Wirkung hängt stark von der Beziehungsgestaltung, der sprachlichen Feinheit und dem Moment im Prozess ab. Wenn sie aus echtem Interesse gestellt werden, können sie viel bewirken. Wenn sie strategisch oder manipulativ wirken, können sie dagegen irritieren oder überfordern. Entscheidend ist also nicht nur die Formulierung, sondern auch die Haltung: neugierig, offen, nichtwissend.

Diese Fragen helfen, Verantwortungszuschreibungen zu relativieren und Schuldzuweisungen zu dekonstruieren. Wer sich selbst und andere als Teil eines komplexen Geschehens erlebt, ist eher bereit, sich selbst zu reflektieren und Veränderung zuzulassen. Zirkuläre Fragen sind somit auch ein Beitrag zur Entlastung. Sie fördern Empathie, indem sie dazu einladen, die Welt durch die Augen anderer zu sehen.

Sie können auch spielerisch eingesetzt werden: „Was würde Ihre beste Freundin sagen, wenn sie Ihre Situation beschreiben müsste?" oder „Wenn Ihr Lieblingsschriftsteller einen Roman über Ihre Familie schreiben würde - wie würde er die Hauptfigur beschreiben?" Humor und Leichtigkeit können helfen, neue Denkbewegungen zu ermöglichen.

Wie jede systemische Intervention brauchen zirkuläre Fragen Raum zur Wirkung. Sie erfordern Pausen, Resonanz, Nachdenklichkeit. Eine gut gesetzte zirkuläre Frage kann ein ganzes Gespräch wenden. Sie eignet sich besonders gut in Phasen, in denen Klient:innen das Gefühl haben, in einer Sackgasse zu stecken. Durch die Einladung, andere Perspektiven zu erkunden, entsteht ein neuer Spielraum.

Beispielfragen

- Was glauben Sie, was Ihre Kollegin denkt, wenn Sie sich in Besprechungen zurückhalten?
- Was würde Ihr Partner sagen, wie Ihre Tochter Ihre Reaktion erlebt?
- Wie vermuten Sie, dass Ihre Mutter darüber denkt, wenn Sie sich heute anders verhalten?
- Was würde Ihre beste Freundin antworten, wenn ich sie fragen würde, wie es Ihnen geht?
- Wenn Ihre Vorgesetzte Sie beobachten könnte, was würde sie denken, warum Sie sich so verhalten?
- Was würde Ihr jüngeres Ich dazu sagen, wie Sie heute mit dieser Situation umgehen?
- Wenn Ihre Familie eine Serie wäre - welche Rolle würden Sie spielen, und was denken die anderen Figuren über Sie?
- Was glauben Sie, welche Geschichte Ihre Tochter über diese Situation erzählen würde?
- Wie denken Sie, dass Ihre Kolleg:innen Ihre Veränderung im Verhalten wahrnehmen?
- Wenn jemand von außen zuschauen würde, was würde er über die Beziehung zwischen Ihnen und Ihrer Schwester sagen?

Skalierungsfragen

Skalierungsfragen sind ein bewährtes Instrument in der systemischen Beratung, um subjektive Wahrnehmungen sichtbar, vergleichbar und veränderbar zu machen. Sie bieten Klient:innen eine einfache Struktur, um Einschätzungen, Bewertungen und Fortschritte zu benennen, ohne dabei auf abstrakte Begriffe oder komplexe Erklärungen zurückgreifen zu müssen. Ihre besondere Stärke liegt darin, dass sie Differenzierungen ermöglichen und Entwicklung auch in kleinen Schritten erfassbar machen.

In der Praxis funktioniert eine Skalierungsfrage meist über eine Zahlenskala, etwa von 0 bis 10. Die 0 steht für einen belastenden, unerwünschten Zustand, die 10 für das bestmögliche Erleben, eine Lösung oder einen erwünschten Zielzustand. „Wenn 0 bedeutet, dass es Ihnen überhaupt nicht gelingt, mit der Situation umzugehen, und 10 bedeutet, dass Sie sehr gut damit zurechtkommen - wo stehen Sie heute?" Mit dieser Frage wird eine erste Standortbestimmung vorgenommen. Sie bringt Orientierung, macht Handlungsspielräume sichtbar und hilft, komplexe Gefühlslagen zu sortieren.

Skalierungsfragen eignen sich besonders in Situationen, in denen der Verlauf eines Prozesses sichtbar gemacht werden soll. Sie helfen, Entwicklungen festzuhalten, die sonst womöglich übersehen würden. „Letztes Mal standen Sie bei einer 4. Wo würden Sie sich heute einordnen?" Die Antwort führt nicht nur zur Erkenntnis, dass sich etwas bewegt hat, sondern öffnet auch den Raum für weitere Fragen: „Was hat dazu beigetragen, dass Sie einen Schritt weiter sind?" oder: „Was haben Sie anders gemacht?" Dadurch wird Fortschritt nicht nur festgestellt, sondern auch reflektiert und gefestigt.

Ein besonderer Reiz von Skalierungsfragen liegt in ihrer Flexibilität. Sie lassen sich auf nahezu jedes Thema anwenden: emotionale Belastung, Selbstvertrauen, Beziehungserleben, berufliche Zufriedenheit, Entscheidungssicherheit, Zielklarheit, Motivation, Stressniveau und vieles mehr. Gleichzeitig sind sie anschlussfähig für ressourcenorientiertes Arbeiten. „Was macht den Unterschied zwischen einer 4 und einer 5 aus?" oder:

„Was müsste passieren, damit Sie sich eine 6 geben könnten?" Solche Folgefragen lenken die Aufmerksamkeit gezielt auf vorhandene Kompetenzen und mögliche Entwicklungsschritte.

Skalierungsfragen eignen sich auch hervorragend, um Ziele konkret zu machen. Wenn jemand sagt: „Ich möchte mich sicherer fühlen", kann eine Skalierungsfrage helfen, das Ziel fassbar zu machen: „Auf einer Skala von 0 bis 10 - wo stehen Sie heute in Bezug auf Ihr Sicherheitsgefühl? Und wo möchten Sie stehen? Was wäre für Sie eine akzeptable Verbesserung?" So werden Ziele messbar, realistisch und motivierend. Gleichzeitig wird die Eigenverantwortung gestärkt, denn die Skala wird von den Klient:innen selbst definiert.

Auch in Team- oder Gruppensettings sind Skalierungsfragen gut einsetzbar. Wenn mehrere Personen ihre Einschätzung auf einer Skala abgeben, wird schnell deutlich, wie unterschiedlich dieselbe Situation erlebt wird. Das fördert Perspektivwechsel, regt zur Kommunikation an und kann gemeinsame Zielklärung unterstützen. Die visuelle Darstellung auf einem Flipchart oder Whiteboard hilft dabei, Entwicklungen zu verdeutlichen und gemeinsame Schritte zu planen.

Ein weiterer Vorteil ist die Niedrigschwelligkeit. Skalierungsfragen sind leicht zu verstehen und schnell zu beantworten. Sie eignen sich besonders auch in emotional aufgeladenen Gesprächssituationen, weil sie entlastend wirken und den Fokus auf konkrete Beobachtungen statt auf Interpretationen lenken. Gleichzeitig können sie helfen, einen sicheren Einstieg in schwierige Themen zu finden.

Wie bei allen systemischen Fragen ist auch bei Skalierungsfragen die Haltung entscheidend. Es geht nicht darum, Klient:innen zu bewerten oder in eine bestimmte Richtung zu lenken. Vielmehr geht es darum, gemeinsam Unterschiede wahrzunehmen, Entwicklungen zu entdecken und Ressourcen sichtbar zu machen. Die Frage „Was wäre ein erster kleiner Schritt in Richtung einer höheren Zahl?" ist dabei oft wirkungsvoller als jede Problemanalyse.

Beispielfragen

- Auf einer Skala von 0 bis 10 - wo stehen Sie heute in Bezug auf Ihr Wohlbefinden?
- Was hat dazu beigetragen, dass Sie nicht bei 0, sondern schon bei einer 3 stehen?
- Was wäre anders für Sie, wenn Sie bei einer 6 wären?
- Was genau müsste passieren, damit Sie sich um einen Punkt steigern können?
- Wie hat sich Ihre Einschätzung im Vergleich zum letzten Gespräch verändert?
- Woran würden Sie erkennen, dass Sie auf dem Weg zur 8 sind?
- Was unterscheidet eine 4 von einer 5 für Sie ganz konkret?
- Welchen Einfluss haben andere Personen darauf, wo Sie sich einordnen?
- Was wäre das erste kleine Zeichen dafür, dass Sie sich eine höhere Zahl geben würden?
- Wenn Sie in einer Woche bei einer 7 stünden - was hätte sich dann in Ihrem Alltag verändert?

Perspektivische Fragen

Perspektivische Fragen unterstützen Gesprächspartner:innen dabei, neue Sichtweisen auf eine Situation, auf Gedanken oder Gefühle zu entwickeln. Sie regen dazu an, die gewohnte Perspektive für einen Moment zu verlassen und die Dinge aus einem anderen Blickwinkel zu betrachten. Der innere Schritt zur Seite schafft Abstand, entlastet emotional und erweitert den Handlungsspielraum. In der systemischen Gesprächsführung können solche Fragen helfen, festgefahrene Denk- und Verhaltensmuster zu lockern, Ambivalenzen zu klären oder neue Impulse für Lösungen zu entwickeln.

Menschen erleben ihre Welt meist durch eine subjektiv gefärbte Brille. Diese ist geprägt durch Erfahrungen, Bewertungen und oft auch durch die aktuelle emotionale Verfassung. Perspektivische Fragen laden dazu ein, diese Brille für einen Moment abzusetzen und zu erkunden, wie die gleiche Situation aus einer anderen Haltung oder mit mehr innerem Abstand erscheinen könnte. Die neue Sichtweise ist dabei keine Ersatzperspektive, sondern ein zusätzlicher Betrachtungsrahmen. Indem mehrere Blickwinkel nebeneinanderstehen dürfen, entsteht emotionale Beweglichkeit und ein vertieftes Verständnis der eigenen Lage.

Besonders hilfreich sind perspektivische Fragen, wenn Menschen in einer problemfokussierten Sichtweise feststecken oder sich selbst sehr hart bewerten. Auch in Situationen innerer Ambivalenz oder Selbstkritik können sie den Blick weiten. Statt das Problem direkt zu bearbeiten, wird der Fokus auf eine alternative Betrachtung gelegt. Dadurch kann sich die Beziehung zur Herausforderung verändern. Diese Veränderung muss nicht spektakulär oder sofort spürbar sein. Oft genügt schon eine kleine Verschiebung im inneren Erleben, um neue Beweglichkeit zu erzeugen.

Ein Perspektivwechsel kann sich nicht nur auf die gegenwärtige Situation beziehen, sondern auch auf zeitlich entfernte oder symbolische Ebenen. Was würde ein zukünftiges Ich sagen, das diesen Konflikt längst bewältigt hat? Wie würde eine innere weise Instanz auf die eigenen Zweifel reagieren? Was würde ein erfahrener Mensch in einer ähnlichen Lage tun?

Solche Fragen entlasten das gegenwärtige Erleben von Überforderung und Schuldgefühlen, weil sie neue innere Stimmen aktivieren.

In der Praxis bewähren sich Perspektivwechsel auch dann, wenn sie auf spielerische oder kreative Weise eingeleitet werden. Die Vorstellung, wie ein Filmregisseur die Situation inszenieren würde, welche Rolle man selbst darin spielt, oder was eine fiktive Romanfigur in dieser Lage täte, kann überraschende Impulse liefern. Auch visuelle oder körperbezogene Zugänge, etwa durch Aufstellungen mit Stühlen oder Symbolen, können helfen, innere Distanzen erfahrbar zu machen.

Zudem ermöglichen perspektivische Fragen eine vertiefte Selbstwahrnehmung. Wer sich selbst durch die Augen einer geschätzten Person betrachtet, kann oft mehr Mitgefühl entwickeln. Wer sich aus der Sicht eines früheren Selbst sieht, versteht, was sich im eigenen Erleben verändert hat. Wer sich vorstellt, wie andere das eigene Verhalten interpretieren, lernt, sich selbst im Beziehungskontext neu zu verorten. Perspektivische Fragen sind also nicht nur kognitive Werkzeuge, sondern auch Brücken zu emotionaler Resonanz.

In manchen Situationen sind sie sogar ein Schlüssel zur Überwindung innerer Blockaden. Wenn die eigenen Gedanken im Kreis laufen, kann eine von außen gedachte Stimme helfen, diesen Kreislauf zu durchbrechen. Dabei geht es nicht darum, eine objektive Wahrheit zu finden, sondern um ein inneres Angebot: So könnte man es auch sehen. Und dieses „auch" macht den Unterschied. Es erweitert die Möglichkeiten, sich selbst neu zu begegnen.

Beispielfragen

- Wie könnte Ihre künftige Version - die mit dem Problem gut umgegangen ist - auf das Heute schauen?
- Wenn Sie sich selbst von außen beobachten würden - was würden Sie wahrnehmen?
- Welche Haltung hätte jemand, der diese Herausforderung bereits gemeistert hat?

- Wenn diese Situation verfilmt würde - wie würde die Hauptfigur wohl reagieren?
- Wenn Sie eine Szene aus Ihrem Leben neu inszenieren könnten - was würde sich ändern?
- Was würde Ihr früheres Ich denken, wenn es Ihr heutiges Verhalten sehen könnte?
- Wie könnte ein achtsamer, mitfühlender Blick auf Ihre Reaktion in dieser Situation aussehen?

Hypothetische Fragen

Hypothetische Fragen laden dazu ein, das Denken zu weiten, über den gegenwärtigen Moment hinauszublicken und mögliche Zukünfte zu entwerfen. Sie beginnen oft mit einem „Was wäre, wenn..." und eröffnen damit Räume, in denen neue Ideen, Perspektiven und Handlungsmöglichkeiten entstehen können. In der systemischen Gesprächsführung dienen sie dazu, Veränderbarkeit erfahrbar zu machen, inneres Erleben zu flexibilisieren und festgefahrene Denkmuster aufzubrechen.

Solche Fragen sind besonders dann hilfreich, wenn Menschen sich in ihrer Situation als gefangen erleben, wenn Alternativen nicht sichtbar sind oder wenn die Vorstellungskraft durch Belastung blockiert ist. Hypothetische Fragen stellen keine Forderungen, sie eröffnen Möglichkeiten. Sie zwingen nicht zur Entscheidung, sondern laden zu gedanklichen Experimenten ein. Das kann entlasten, ermutigen und inspirieren.

Ein typisches Beispiel: „Was wäre anders, wenn Sie morgen mit mehr innerer Ruhe aufwachen würden?" Diese Frage verlangt keine Erklärung, keine konkrete Lösung, sondern aktiviert die Vorstellungskraft. Durch das gedankliche Durchspielen wird ein neuer Zustand spürbar gemacht. Oft reicht diese Imagination aus, um erste Schritte in Richtung Veränderung denkbar werden zu lassen.

Hypothetische Fragen fördern die Fähigkeit, Zukunft zu gestalten. Sie lenken den Fokus nicht auf das Problem, sondern auf das, was möglich ist. Dadurch wirken sie motivierend, ressourcenorientiert und beziehungsstärkend. Sie aktivieren Selbstwirksamkeit, ohne belehrend zu sein. Denn was sich jemand vorstellen kann, wird prinzipiell auch als erreichbar erlebt.

Auch bei Zielarbeit oder Entscheidungsfindung spielen hypothetische Fragen eine wichtige Rolle. „Angenommen, Sie hätten sich bereits entschieden - wie würden Sie sich fühlen?" oder „Was würde sich in Ihrem Alltag verändern, wenn Sie Ihr Ziel erreicht hätten?" Solche Fragen helfen dabei, Klarheit zu gewinnen, innere Widersprüche zu erkennen und Prioritäten zu setzen.

In angespannten Situationen schaffen hypothetische Fragen zudem eine sichere Distanz. „Was würden Sie jemandem raten, der in einer ähnlichen Situation steckt?" oder „Wie könnte ein Mensch reagieren, der sich selbst in dieser Lage wertschätzt?" Diese Fragen ermöglichen es, aus der Betroffenheit auszusteigen und mit mehr innerer Freiheit auf das Geschehen zu blicken.

Die Wirksamkeit hypothetischer Fragen liegt nicht nur in ihrer Formulierung, sondern auch in der Haltung, mit der sie gestellt werden. Es braucht Vertrauen in die Kreativität und Entwicklungskraft des Gegenübers. Die Fragen sind kein Mittel zur Manipulation, sondern ein Angebot zur inneren Bewegung. Entscheidend ist, ob sie als Einladung erlebt werden, neue Möglichkeitsräume zu betreten.

Besonders kraftvoll sind hypothetische Fragen, wenn sie mit bildhaften Vorstellungen arbeiten. Das „So-tun-als-ob" kann eine Tür öffnen zu bisher ungelebten Handlungsmöglichkeiten. Menschen entwickeln häufig emotionale Resonanz auf gedanklich durchgespielte Szenarien, selbst wenn sie wissen, dass es sich nur um ein Gedankenexperiment handelt. Wenn die Frage lautet: „Was würden Sie tun, wenn Sie für einen Tag unsichtbar wären?" oder „Was wäre anders, wenn heute Ihr erster Tag als Chef:in wäre?", dann geht es weniger um eine reale Option als um das Ausloten neuer innerer Haltungen.

Auch für das Auflösen innerer Ambivalenzen sind hypothetische Fragen hilfreich. Wenn zwei innere Anteile miteinander ringen, kann eine hypothetische Annäherung wie „Was wäre, wenn beide Stimmen in Ihnen einen wertvollen Beitrag leisten könnten?" einen Integrationsprozess einleiten. Statt sich für eine Seite entscheiden zu müssen, entsteht ein Raum, in dem Widersprüche nebeneinander bestehen dürfen.

In Gruppen- oder Teamsituationen helfen hypothetische Fragen dabei, gemeinsame Visionen zu entwerfen. „Wie würde sich die

Zusammenarbeit verändern, wenn alle sich ein Stück mehr zuhören würden?" oder „Was wäre anders, wenn jede Person einen Wunsch für das Team frei hätte?" Solche Fragen fördern Beteiligung, regen zum Perspektivwechsel an und schaffen ein gemeinsames Nachdenken über Entwicklungsmöglichkeiten.

Für Menschen in belastenden oder traumatischen Situationen können hypothetische Fragen zudem ein Einstieg sein, um vorsichtig Kontakt mit einer möglichen Zukunft aufzunehmen. Dabei gilt es, besonders sensibel und respektvoll zu formulieren: „Stellen Sie sich vor, es gäbe einen kleinen Moment der Entlastung - wie würde er sich anfühlen?" oder „Was wäre ein erster Gedanke, der Hoffnung machen könnte?" Hier geht es nicht um Machbarkeit, sondern um die vorsichtige Wiederbelebung von Vorstellungskraft.

Auch humorvolle Varianten hypothetischer Fragen haben ihren Platz: „Was würde Ihr innerer Coach sagen, wenn er Sie jetzt in der Kabine motivieren müsste?" oder „Was wäre, wenn Sie für einen Tag der oder die Berater:in in Ihrem eigenen Leben wären?" Solche Fragen können entlasten, Leichtigkeit einbringen und gleichzeitig tiefgreifende Prozesse anstoßen.

Wichtig bleibt, dass hypothetische Fragen immer ein Angebot sind. Sie dürfen abgelehnt, umgedeutet oder verändert werden. Ihr Wert liegt nicht in der richtigen Antwort, sondern in dem inneren Prozess, den sie auslösen. Wenn es gelingt, dadurch auch nur ein kleines Fenster zu einer anderen Sichtweise zu öffnen, haben sie ihre Wirkung bereits entfaltet.

Beispielfragen

- Was wäre anders, wenn Sie sich selbst in dieser Situation mehr vertrauen könnten?
- Wie würde sich Ihr Tag verändern, wenn Sie sich plötzlich leichter fühlen würden?
- Was würde passieren, wenn das Problem von heute auf morgen verschwinden würde?

- Was denken Sie, wie Ihr Leben aussähe, wenn Sie diese Entscheidung bereits getroffen hätten?
- Angenommen, Sie hätten alle Kraft, die Sie brauchen - was wäre Ihr nächster Schritt?
- Was würde sich an Ihrer Beziehung verändern, wenn mehr Offenheit möglich wäre?
- Wie würde jemand handeln, der in dieser Lage großes Vertrauen in sich selbst hat?
- Angenommen, Sie wären einen Monat weiter und hätten bereits erste Fortschritte gemacht - was wäre dann anders?
- Was müsste geschehen, damit Sie sich von dieser Belastung befreien könnten?
- Was wäre ein Zeichen dafür, dass Sie auf dem richtigen Weg sind?
- Was würden Sie tun, wenn Sie wüssten, dass Sie nicht scheitern können?
- Wie würden Sie sich fühlen, wenn Sie die Situation bereits gemeistert hätten?
- Was würde sich verändern, wenn Sie sich selbst mit mehr Nachsicht begegnen würden?
- Was würde Ihr inneres Zukunftsteam Ihnen heute empfehlen?
- Wenn Sie sich die Situation als Geschichte vorstellen - wie könnte das nächste Kapitel beginnen?

Ressourcenorientierte Fragen

Ressourcenorientierte Fragen richten den Blick gezielt auf Stärken, Fähigkeiten, Erfahrungen und Kraftquellen. Sie gehen davon aus, dass Menschen in sich selbst bereits Potenziale tragen, die sie zur Bewältigung von Herausforderungen nutzen können. Statt auf Defizite und Probleme zu fokussieren, lenken sie die Aufmerksamkeit auf das, was funktioniert, gelungen ist oder in der Vergangenheit hilfreich war. In der systemischen Gesprächsführung sind sie ein zentrales Instrument, um Selbstwirksamkeit zu stärken und Zuversicht zu fördern. Diese Fragen entstehen aus der Haltung heraus, dass jeder Mensch über Ressourcen verfügt, auch wenn sie im Moment vielleicht nicht zugänglich erscheinen. Ressourcen müssen nicht groß oder spektakulär sein. Oft sind es kleine Erfahrungen, hilfreiche Gedanken, liebevolle Beziehungen, innere Bilder oder besondere Eigenschaften, die in belastenden Situationen wieder aktiviert werden können. Ressourcenorientierte Fragen helfen, diese Schätze (wieder) zu entdecken.

Ein Beispiel: „Was hat Ihnen in früheren schwierigen Zeiten geholfen, durchzuhalten?" oder „Wann haben Sie zuletzt gespürt, dass Sie etwas aus eigener Kraft bewältigen konnten?" Solche Fragen lenken den Blick nicht auf das Problem, sondern auf Bewältigungskompetenzen. Sie machen Mut, weil sie zeigen: Es gab schon einmal Wege durch schwierige Zeiten. Und was einmal möglich war, kann auch wieder möglich werden.

Ressourcenorientierte Fragen können sich auf verschiedene Bereiche beziehen: auf innere Stärken wie Geduld, Kreativität oder Durchhaltevermögen, auf soziale Ressourcen wie Freundschaften, Netzwerke oder Vorbilder, auf körperliche Erfahrungen wie Bewegung oder Atem, auf spirituelle oder kulturelle Kontexte, auf Werte, Haltungen und Überzeugungen. Die Vielfalt möglicher Ressourcen ist groß. Wichtig ist, dass sie für das Gegenüber Sinn machen und als hilfreich erlebt werden.

Diese Fragen eignen sich besonders, wenn Gespräche ins Stocken geraten oder wenn Hoffnung fehlt. Sie können helfen, die Energie zu verlagern: weg vom Problem, hin zu dem, was trägt. Oft reicht eine Erinnerung an eine gelungene Erfahrung, um neue Handlungsmöglichkeiten sichtbar zu machen. Auch in der Arbeit mit Zielen sind sie hilfreich, um zu klären, welche Ressourcen zur Verfügung stehen, welche bereits genutzt wurden und welche noch gestärkt werden könnten.

Ressourcenorientierte Fragen sind keine Verharmlosung von Schwierigkeiten. Sie verdrängen nicht das Leid, sondern geben ihm eine andere Rahmung. Sie anerkennen, dass Belastungen existieren, und setzen zugleich ein Zeichen dafür, dass Menschen mehr sind als ihre Probleme. Durch die Aktivierung von Stärken entsteht nicht selten eine neue Beziehung zum eigenen Erleben. Solche Fragen stärken die Eigenverantwortung, weil sie nicht auf Ratschläge von außen zielen, sondern auf eigene Erfahrungen und Kompetenzen. Sie helfen dabei, sich selbst als handlungsfähig zu erleben, auch in schwierigen Situationen. Der Fokus verschiebt sich von „Ich brauche Hilfe" zu „Ich kann etwas beitragen". Das ist besonders wirksam, wenn sich Menschen hilflos oder ohnmächtig fühlen.

Auch im Gruppensetting entfalten ressourcenorientierte Fragen eine verbindende Wirkung. Wenn Menschen miteinander teilen, was ihnen hilft, entsteht ein Raum gegenseitiger Ermutigung. Fragen wie „Was hat dir in einer schwierigen Zeit Kraft gegeben?" oder „Welche Eigenschaft schätzt du an dir selbst?" schaffen Verbindung und Vertrauen. Sie machen deutlich: Jeder Mensch trägt etwas Wertvolles in sich.

In der kreativen Beratungspraxis lassen sich Ressourcen auf vielfältige Weise visualisieren. Etwa durch das Zeichnen eines Ressourcenbaums, das Sammeln von Symbolen oder durch das Gestalten einer inneren Schatztruhe. Solche Methoden machen die Antworten auf ressourcenorientierte Fragen sichtbar und erfahrbar. Die Verbindung von Sprache und Bild unterstützt die nachhaltige Integration.

Nicht zuletzt tragen ressourcenorientierte Fragen zur Stärkung der Beziehung im Gespräch bei. Wer in seinen Stärken gesehen wird, fühlt sich wertgeschätzt. Wer bemerkt, dass nicht nur das Schwierige, sondern auch das Gelungene Platz hat, kann sich offener mitteilen. Die Beratung wird dadurch nicht oberflächlich, sondern menschlich und kraftvoll.

Beispielfragen

- Was hat Ihnen in früheren schwierigen Situationen geholfen, durchzuhalten?
- An welche Ihrer Fähigkeiten erinnern Sie sich, wenn Sie auf vergangene Erfolge schauen?
- Welche Menschen in Ihrem Leben haben Ihnen Kraft gegeben?
- Gibt es eine Erinnerung, die Ihnen bis heute Mut macht?
- Was zeichnet Sie aus, wenn Sie mit Herausforderungen konfrontiert sind?
- Welche inneren Bilder geben Ihnen Zuversicht oder Orientierung?
- Welche Ihrer Eigenschaften helfen Ihnen immer wieder, in Bewegung zu bleiben?
- Wann haben Sie zuletzt gespürt, dass Sie selbst Einfluss nehmen konnten?
- Welche Entscheidungen aus Ihrer Vergangenheit machen Sie heute noch stolz?
- Wenn Sie sich auf Ihre Ressourcen verlassen würden - was wäre dann der nächste Schritt?
- Worauf konnten Sie sich in Ihrem Leben immer wieder verlassen?
- Welche schwierige Situation haben Sie bereits gemeistert, von der Sie heute sagen: Ich hätte damals nicht gedacht, dass ich das schaffe?
- Was würde ein guter Freund oder eine gute Freundin sagen, was Ihre Stärken sind?
- Welche Ihrer Kompetenzen würden Sie gerne stärker in Ihr aktuelles Leben einbringen?
- Wenn Sie Ihre Lebensgeschichte als Buch beschreiben würden - welche Kapitel wären von Mut, Kraft oder Ausdauer geprägt?

Paradoxe Fragen

Paradoxe Fragen irritieren, provozieren und fordern zum Nachdenken heraus. Sie drehen gewohnte Denkmuster um, stellen scheinbar Selbstverständliches auf den Kopf und überraschen durch ihre Unlogik. Gerade in festgefahrenen Gesprächssituationen oder bei starker Problemfixierung können sie einen wertvollen Beitrag leisten, weil sie unerwartete Denkbewegungen auslösen und damit neue Sichtweisen ermöglichen. In der systemischen Gesprächsführung gelten sie als wirkungsvolle Intervention, um Komplexität erlebbar zu machen und eingefahrene Dynamiken zu unterbrechen.

Typisch für paradoxe Fragen ist, dass sie scheinbar in die „falsche" Richtung fragen. Statt Lösungen zu suchen, wird zum Beispiel gefragt, wie das Problem verschärft werden könnte. Oder welche Vorteile ein belastender Zustand haben könnte. Der Effekt: Menschen verlassen die gewohnten Argumentationslinien, lösen sich für einen Moment von ihren automatisierten Erklärungen und entdecken möglicherweise neue Aspekte ihrer Situation.

Ein klassisches Beispiel ist die Frage: „Was müssten Sie tun, um das Problem noch schlimmer zu machen?" Diese Frage erscheint im ersten Moment zynisch oder sarkastisch. Doch ihre Wirkung liegt in der Irritation. Wer sie ehrlich beantwortet, entdeckt oft die eigene Beteiligung an der Situation. Oder bekommt eine Idee davon, was er oder sie bereits alles nicht tut, obwohl es möglich wäre. Dadurch entsteht Handlungsspielraum - nicht über den direkten Weg, sondern über die paradoxe Umleitung.

Paradoxe Fragen setzen eine stabile Beziehung voraus. Sie dürfen nicht verletzend oder abwertend wirken. Ihre Wirkung entfalten sie dann, wenn sie mit einem wohlwollenden, humorvollen Tonfall gestellt werden und wenn das Gegenüber sich gesehen und ernst genommen fühlt. Sie sind kein Spiel mit Macht, sondern ein Spiel mit Möglichkeiten. Humor ist dabei oft ein hilfreicher Begleiter, nicht im Sinne von Witz, sondern als Ausdruck von Leichtigkeit im Denken.

Diese Form der Fragen eignet sich besonders, wenn Gespräche stagnieren, wenn sich alles im Kreis dreht oder wenn andere Frageformen bisher keine Bewegung gebracht haben. Auch bei Menschen, die sehr rational argumentieren oder alles analysieren möchten, können paradoxe Fragen eine neue Tür öffnen, weil sie nicht logisch beantwortbar sind. Sie fordern Intuition, Spontanität und die Bereitschaft, das eigene Denken kurzzeitig zu überlisten. Die plötzliche Irritation bringt das Gespräch in eine andere Dynamik und durchbricht gewohnte Muster.

Paradoxe Fragen schaffen Abstand zur Problemsicht, ohne das Problem zu verleugnen. Sie entziehen sich dem Erwartungsdruck, sofort Lösungen zu finden, und laden stattdessen zu einer verspielten, manchmal absichtlich absurden Reflexion ein. Gerade dadurch ermöglichen sie neue Sichtweisen. Wenn jemand beispielsweise fest daran glaubt, dass sich sowieso nichts verändern wird, kann die Frage „Was müssten Sie tun, damit es wirklich garantiert so bleibt wie es ist?" neue Ideen und auch Selbstironie anregen. Die Erkenntnis, dass man selbst aktiv etwas beiträgt - auch zum Status quo - kann ein Wendepunkt im Gespräch sein.

Paradoxe Fragen wirken oft dann besonders kraftvoll, wenn sie in Verbindung mit anderen systemischen Frageformen eingesetzt werden. Zum Beispiel kann eine zirkuläre Frage zunächst eine neue Perspektive aufzeigen, auf die dann eine paradoxe Frage folgt: „Was würde Ihre Schwester tun, um das Ganze noch komplizierter zu machen?" Die Verbindung von Perspektivwechsel und paradoxer Wendung schafft sowohl Tiefe als auch Bewegung.

Auch im Gruppensetting oder in Teamsitzungen lassen sich paradoxe Fragen einsetzen, um eingefahrene Muster oder gegenseitige Zuschreibungen zu unterbrechen. „Was müssten wir tun, damit wir noch schlechter miteinander kommunizieren als bisher?" Diese Art von Fragen schafft oft Lachen, Entspannung - und überraschend klare Erkenntnisse. Sie fördern das gemeinsame Nachdenken über Verantwortung, Rollen und versteckte Dynamiken, ohne anklagend oder wertend zu wirken.

Wichtig ist dabei, dass paradoxe Fragen nicht als rhetorischer Trick eingesetzt werden. Sie brauchen echte Neugier und eine gute Einschätzung, ob das Gegenüber offen für diese Form des Denkens ist. Wer zu sehr an Sicherheit und Kontrolle festhält, wird möglicherweise verunsichert oder zieht sich zurück. Daher gilt: Paradoxe Fragen sind kraftvoll - aber nicht für jede Situation geeignet.

Sie eignen sich besonders in der Arbeit mit Menschen, die sich selbst (noch) nicht erlauben, ihre Sichtweise zu relativieren. In solchen Fällen kann die absurde Logik paradoxer Fragen das innere System „kurzschließen" - nicht im destruktiven Sinn, sondern als kreative Unterbrechung. Aus dieser Irritation heraus kann dann echte Einsicht entstehen.

Beispielfragen

- Was müssten Sie tun, damit das Problem auf keinen Fall besser wird?
- Welche Vorteile hat es, dass die Situation so schwierig geblieben ist?
- Was müsste passieren, damit sich wirklich gar nichts ändert?
- Wie würden Sie es schaffen, diese Herausforderung noch komplizierter zu machen?
- Was wäre ein richtig schlechter Ratschlag, den Sie sich selbst geben könnten?
- Was müssten Sie unbedingt vermeiden, wenn Sie wollen, dass sich etwas bewegt?
- Wenn Sie wollten, dass alles so bleibt wie es ist - was müssten Sie dafür tun?
- Was wäre das Absurdeste, das Sie in dieser Situation tun könnten?
- Was würde passieren, wenn sich die Situation plötzlich verbessern würde - wäre das überhaupt gewollt?
- Welche Reaktion von Ihnen wäre garantiert kontraproduktiv?
- Was müssten Sie ab morgen weglassen, um Ihre Probleme zu verschärfen?
- Wie könnten Sie andere dazu bringen, Ihnen möglichst wenig Unterstützung zu geben?

- Welche Handlung wäre vollkommen sinnlos - und warum wirkt sie dennoch verlockend?
- Was würde ein übermotivierter Saboteur in Ihrer Lage tun?
- Was wäre ein effektiver Weg, um sich selbst noch weiter unter Druck zu setzen?

Wunderfrage

Die Wunderfrage ist eine der bekanntesten und kraftvollsten Fragen in der lösungsorientierten Gesprächsführung. Sie lädt dazu ein, sich eine Realität vorzustellen, in der das aktuelle Problem auf wundersame Weise verschwunden ist. Die zentrale Idee besteht darin, nicht länger am Problem zu verharren, sondern eine Zukunft zu entwerfen, in der die gewünschten Veränderungen bereits eingetreten sind. Damit macht die Wunderfrage das Mögliche denkbar und schafft einen Raum für neue Perspektiven, Ziele und konkrete Handlungsschritte.

Die klassische Formulierung lautet: „Stellen Sie sich vor, heute Nacht geschieht ein Wunder. Während Sie schlafen, löst sich das Problem, das Sie beschäftigt. Doch Sie wissen nichts von diesem Wunder, denn Sie haben geschlafen. Woran würden Sie morgen früh merken, dass etwas anders ist?" Diese Frage wirkt so kraftvoll, weil sie das Denken vom Problem wegführt und auf Lösungssignale und Unterschiede im Erleben lenkt. Sie nimmt die Perspektive des bereits gelungenen Wandels ein und aktiviert damit Ressourcen, Wünsche und Zukunftsbilder.

Die Wunderfrage ist besonders dann geeignet, wenn Menschen das Gefühl haben, im Problem festzustecken oder keine Hoffnung mehr auf Veränderung sehen. Sie wirkt entlastend, weil sie die Vorstellung erlaubt, dass Veränderung möglich ist, ohne sich sofort mit den Hürden und Hindernissen beschäftigen zu müssen. Zugleich ermutigt sie, das eigene Leben aus einer zukünftigen Perspektive zu betrachten und so erste Hinweise auf den Weg dorthin zu entdecken.

In der Anwendung der Wunderfrage ist es hilfreich, sehr konkret nachzufragen: „Was wäre morgens das Erste, was Ihnen auffiele?" oder „Wie würden andere Menschen auf Sie reagieren?" oder „Was würden Sie anders tun, wenn dieses Wunder geschehen wäre?" Durch diese konkreten Nachfragen entsteht ein lebendiges Zukunftsbild, das emotional berührt und zur Handlung motiviert. Diese Vision ist nicht nur eine Fantasie - sie ist ein möglicher Entwurf für Veränderung, der Orientierung geben kann.

Je lebendiger und detailreicher das entstandene Bild ist, desto größer ist sein Potenzial, als Ressource zu wirken. Wenn die Vorstellung eines gelingenden Morgens konkret vor dem inneren Auge steht, mit Licht, Gerüchen, Geräuschen, Gefühlen, dann wird sie erlebbar. Und das Erlebbare kann zu einer inneren Referenz werden: So fühlt es sich an, wenn es leichter ist. Daraus können sich nächste Schritte ableiten, ohne dass sie direkt geplant werden müssen.

Die Wunderfrage eignet sich auch, um Unterschiede sichtbar zu machen. Was wäre anders - nicht nur im Denken, sondern im Fühlen, im Handeln, im Körpererleben? Solche Fragen fördern ein differenziertes Bild von Veränderung. Gleichzeitig ermöglichen sie, bereits bestehende Ressourcen zu erkennen. Denn oft sind die Dinge, die im Wunderbild auftauchen, nicht völlig neu - sie sind manchmal bereits in kleinen Ansätzen vorhanden. Sie sichtbar zu machen, bedeutet: Der Wandel hat bereits begonnen.

Auch die Perspektive von anderen Menschen kann in die Wunderfrage integriert werden. „Was würde Ihre Partnerin als Erstes bemerken?" oder „Was würde Ihr Kind anders erleben, wenn dieses Wunder geschehen wäre?" Solche Ergänzungen ermöglichen Perspektivwechsel, fördern Empathie und machen deutlich, wie sich Veränderungen nicht nur auf die Einzelperson, sondern auf ihr ganzes soziales Umfeld auswirken.

Manche Menschen tun sich schwer mit dem Begriff „Wunder". In solchen Fällen kann die Frage angepasst werden: „Stellen Sie sich vor, über Nacht verändert sich etwas Entscheidendes, ohne dass Sie wissen, wie es geschehen ist." Oder: „Was wäre, wenn eine kleine, fast unmerkliche Veränderung passiert wäre, die doch vieles bewirkt?" Wichtig ist dabei, dass das Unwahrscheinliche nicht als unrealistisch empfunden wird, sondern als Einladung, den gewohnten Rahmen zu überschreiten.

Die Wunderfrage ist kein Ersatz für konkrete Planung, aber sie kann die Grundlage dafür schaffen. Denn wer ein Ziel vor Augen hat, und sei es zunächst nur in Form einer inneren Vision, kann sich eher auf den Weg machen. Und wer eine Veränderung emotional gespürt hat, wird sich eher trauen, erste Schritte zu wagen. In diesem Sinne ist die Wunderfrage eine Brücke zwischen Wunsch und Wirklichkeit, zwischen innerem Erleben und äußerem Handeln.

Beispiel:

- Stellen Sie sich vor, heute Nacht geschieht ein Wunder. Das Problem, das Sie mitgebracht haben, ist verschwunden. Woran würden Sie das morgen früh als erstes merken?
- Wie würden andere Menschen auf die Veränderung reagieren? Was würden sie vielleicht als erstes bemerken?
- Was würden Sie anders machen, wenn dieses Wunder geschehen wäre?
- Welche kleinen Dinge würden sich im Alltag anders anfühlen?
- Was wäre das erste Zeichen dafür, dass sich etwas positiv verändert hat?
- Wenn das Wunder schon ein paar Tage zurückläge - wie hätten Sie gemerkt, dass sich Ihr Alltag verändert hat?
- Wer in Ihrem Umfeld würde es zuerst bemerken - und woran?
- Wie würde sich Ihre innere Haltung verändern, wenn das Problem gelöst wäre?
- Welche Handlungen würden Sie beginnen, die bisher vielleicht unmöglich schienen?
- Was würden Sie beibehalten - und was würden Sie loslassen?
- Wenn Sie diesen Zustand des gelösten Problems beschreiben müssten - wie sähe er aus?
- Welche inneren Qualitäten oder Kräfte würden in der „Wunderwelt" besonders spürbar sein?
- Was könnten Sie heute schon tun, das dem Wunder einen Schritt näherkäme?
- Wie würden Sie sich am Ende dieses wunderbaren Tages fühlen?
- Was würde ein Mensch sagen, der Sie nach längerer Zeit wiedertrifft und die Veränderung bemerkt?

Sicherheitsfragen

Sicherheitsfragen sind eine besondere Form systemischer Fragen, die gegen Ende eines Gesprächs oder in stockenden Gesprächsphasen eingesetzt werden. Sie dienen als eine Art inneres Sicherungsnetz: Haben wir alles Wichtige angesprochen? Ist da noch etwas offen geblieben? Sie laden dazu ein, die Beratung oder das Gespräch auf Vollständigkeit, Tiefe und offene Punkte hin zu überprüfen. Sicherheitsfragen sind kein Kontrollinstrument, sondern Ausdruck einer wertschätzenden Haltung, die Raum für das lässt, was vielleicht bisher noch keinen Platz gefunden hat.

In vielen Gesprächen entstehen unausgesprochene Erwartungen, Andeutungen, diffuse Themen oder subtile Irritationen, die sich nicht von selbst klären. Sicherheitsfragen geben diesen verborgenen Inhalten eine Chance, sichtbar zu werden. Sie signalisieren: Wir haben Zeit. Wir sind interessiert. Wir sind bereit, noch einmal innezuhalten. Diese Haltung kann besonders in Übergangsphasen oder kurz vor dem Abschluss eines Prozesses hilfreich sein, um Ungesagtes anzusprechen und Verbleibendes zu würdigen.

Diese Fragen lassen sich leicht in Worte fassen, entfalten aber oft eine große Wirkung. „Gibt es noch etwas, das gesagt werden sollte?" oder „War heute alles dabei, was für Sie wichtig ist?" öffnet einen letzten Raum, in dem vielleicht Unerwartetes zur Sprache kommt. Manchmal geht es um schüchterne Gedanken, unausgesprochene Kritik oder einfach um das Bedürfnis, etwas abzurunden. In anderen Fällen ermöglichen solche Fragen erst den Zugang zu einem Thema, das bislang nur im Hintergrund mitschwang.

Sicherheitsfragen bringen die Gesprächspartner:innen in eine reflektierende Haltung. Sie laden zur inneren Bilanz ein, ohne Druck auszuüben. Dadurch entsteht oft ein Moment besonderer Tiefe und Nähe. Wer gefragt wird, ob noch etwas fehlt, spürt, dass sein gesamtes Erleben ernst genommen wird. Gleichzeitig wird damit Verantwortung an die Gesprächspartner:innen zurückgegeben: Es ist in Ordnung, etwas nachzureichen. Es ist erlaubt, Dinge neu zu benennen.

Diese Form der Fragen eignet sich nicht nur für das Ende eines Gesprächs, sondern auch als Zwischenimpuls: etwa dann, wenn Gespräche ins Stocken geraten, wenn eine unerklärliche Spannung im Raum liegt oder wenn Unsicherheit über die Gesprächsrichtung entsteht. Eine einfache Frage wie „Ist gerade alles Wichtige im Raum?" kann dann klärend wirken und neue Beweglichkeit ermöglichen.

Sicherheitsfragen wirken nicht durch Komplexität, sondern durch ihre Offenheit. Sie brauchen eine achtsame Atmosphäre und dürfen nicht wie ein rhetorisches Pflichtprogramm wirken. Ihr Wert liegt gerade in der Einladung, dem Prozess noch etwas hinzuzufügen, was bisher gefehlt hat. Manchmal ist das nur ein kurzer Gedanke - manchmal ein ganz neues Thema. In beiden Fällen entsteht daraus ein runderes, stimmigeres Gesprächserleben.

Darüber hinaus bieten Sicherheitsfragen auch eine Form von Selbstvergewisserung - für beide Seiten. Wer fragt, zeigt, dass nicht nur Inhalte, sondern auch die Beziehung und die Atmosphäre wichtig sind. Und wer antwortet, hat die Möglichkeit, Verantwortung für das eigene Gesprächserleben zu übernehmen. Das stärkt Autonomie und Vertrauen zugleich.

Manchmal lassen sich durch Sicherheitsfragen auch Dynamiken erkennen, die sonst im Verborgenen geblieben wären: Vielleicht zeigt sich eine Irritation, die zuvor nicht benannt wurde. Oder ein Bedürfnis nach mehr Raum, mehr Tempo, mehr Klarheit. In jedem Fall sind diese Fragen ein Angebot an das Gegenüber, das eigene Erleben mitzuteilen - auf eine Weise, die einlädt, nicht bedrängt.

Gerade gegen Ende eines Gesprächs wirken Sicherheitsfragen wie eine letzte Einladung zur Selbstklärung. Sie können Unausgesprochenes in Sprache bringen, Enttäuschungen vermeiden und Missverständnissen vorbeugen. Für beratende Personen sind sie zudem eine Möglichkeit, sich zu vergewissern, dass der Gesprächsverlauf nicht nur aus fachlicher Sicht, sondern auch aus Beziehungssicht stimmig war.

Auch in längeren Prozessen - etwa über mehrere Sitzungen hinweg - können Sicherheitsfragen eine strukturierende Funktion übernehmen. Sie helfen, Übergänge zu gestalten, Veränderungen zu markieren oder Phasen zu reflektieren. Fragen wie „Was hat sich für Sie in diesem Prozess bislang verändert?" oder „Was fehlt Ihnen noch, damit Sie den nächsten Schritt gehen können?" eröffnen Perspektiven, die über das einzelne Gespräch hinausweisen.

Beispielfragen

- Gibt es etwas, das Sie sich noch nicht zu sagen getraut haben?
- War heute alles dabei, was für Sie wichtig ist?
- Fehlt aus Ihrer Sicht noch etwas, das Raum bekommen sollte?
- Habe ich etwas Wichtiges übersehen oder nicht angesprochen?
- Ist jetzt der richtige Moment, um etwas nachzutragen?
- Was ist noch unausgesprochen geblieben?
- Wenn es etwas gäbe, das Sie noch sagen wollen - was wäre es?
- Gibt es eine Frage, die ich bisher nicht gestellt habe, die aber wichtig gewesen wäre?
- Was braucht es noch, damit sich dieses Gespräch für Sie stimmig anfühlt?
- Gibt es einen Aspekt, der bislang zu wenig Beachtung gefunden hat?
- Was haben wir vielleicht etwas übersehen, das jetzt noch Bedeutung bekommt?
- Gibt es etwas, das Sie am Ende dieses Gesprächs noch entlasten würde?
- Was würden Sie sagen, wenn Sie wüssten, dass dies unser letztes Gespräch wäre?
- Welche Frage haben Sie innerlich vielleicht vermisst, auch wenn sie schwer auszusprechen ist?
- Was ist noch unausgesprochen, obwohl es zur Abrundung beitragen könnte?

Zusammenfassung

Systemische Fragen eröffnen Räume. Sie regen dazu an, über den bisherigen Horizont hinauszudenken, neue Sichtweisen einzunehmen und aus festgefahrenen Strukturen auszusteigen. Jede Frageform bringt dabei ihre eigene Kraft mit: Zirkuläre Fragen fördern Perspektivwechsel, hypothetische Fragen machen das Mögliche sichtbar, ressourcenorientierte Fragen stärken das Vertrauen in eigene Fähigkeiten, paradoxe Fragen bringen Bewegung durch Irritation, Sicherheitsfragen sorgen für Tiefe und Vollständigkeit - und die Wunderfrage schenkt eine klare Vision.

Was all diese Fragen verbindet, ist die Haltung dahinter: Interesse, Wertschätzung, Neugier und Vertrauen in die Entwicklungskraft des Gegenübers. Systemische Fragen sind nie bloße Techniken. Sie entfalten ihre Wirkung erst dann, wenn sie aus einer zugewandten, respektvollen Haltung heraus gestellt werden. Wer fragt, führt nicht, sondern lädt ein. Wer fragt, kontrolliert nicht, sondern öffnet neue Denkräume. Und wer fragt, zeigt: Du bist Expert:in für dein Leben.

In diesem Sinne sind systemische Fragen mehr als Werkzeuge. Sie sind Ausdruck einer Haltung, die Veränderung ermöglicht, ohne sie zu erzwingen. Wer fragt, rechnet mit Entwicklung. Und wer zuhört, was aus der Antwort entsteht, begleitet diesen Prozess auf Augenhöhe.

Reframing und Bedeutung geben

Reframing ist eine der zentralen Techniken der systemischen Gesprächsführung. Es geht dabei nicht darum, Fakten zu verdrehen oder unangenehme Inhalte schönzureden, sondern darum, neue Bedeutungen zu finden, andere Zusammenhänge sichtbar zu machen und eingefahrene
Deutungen in Bewegung zu bringen. Reframing bedeutet, einem Ereignis,
einer Aussage oder einem Verhalten einen neuen Rahmen zu geben - einen Bedeutungsrahmen, der andere Möglichkeiten des Verstehens eröffnet. Damit wird das, was zuvor problematisch erschien, unter einem
neuen Blickwinkel verständlich, nutzbar oder sogar wertvoll.

Bedeutung ist niemals objektiv. Sie entsteht im Austausch, im Kontext,
im Zusammenspiel von Erleben, Interpretation und Sprache. Was ein
Mensch über sich, über andere oder über bestimmte Ereignisse denkt, ist
nicht nur eine Beschreibung von Wirklichkeit, sondern immer auch eine
Konstruktion. Und genau hier setzt Reframing an: Wenn wir die Deutung
ändern, verändert sich unser Erleben. Wenn wir neue Bedeutungen zulassen, kann sich unser Handlungsspielraum erweitern.

Ein klassisches Beispiel ist die Umdeutung von „Sturheit" zu „Beharrlich-
keit" oder von „Kontrollbedürfnis" zu „Sinn für Verantwortung". Was in
einem Kontext als störend erlebt wird, kann im anderen als Stärke erscheinen. Reframing fragt: Was könnte dieser Eigenschaft, diesem Verhalten, dieser Situation auch noch zugeschrieben werden? Welcher Nutzen, welche Absicht, welches Bedürfnis könnte dahinterstehen? Und was
verändert sich, wenn wir es in einem neuen Licht sehen?

Diese Technik ist nicht nur sprachlich, sondern auch emotional wirksam.
Wer sich selbst jahrelang als „zu sensibel" erlebt hat und nun hört: „Viel-
leicht ist das Ihre besondere Fähigkeit, Stimmungen und Bedürfnisse
wahrzunehmen" erlebt oft eine tiefe Entlastung. Es ist, als ob ein inneres
Etikett abgelöst und durch ein neues ersetzt wird. Und mit dem neuen
Etikett öffnen sich andere Wege des Umgangs mit sich selbst und mit der
Welt. Reframing kann im Gespräch auf viele Arten geschehen. Manchmal
genügt eine Formulierung wie: „Das könnte man auch so sehen..." oder

„Ein anderer Mensch würde das vielleicht so deuten...". In anderen Fällen braucht es eine bewusst provozierende Wendung: „Was, wenn das gar kein Rückschritt ist, sondern ein Zeichen von Reife?" Entscheidend ist, dass die neue Bedeutung nicht aufgezwungen wird, sondern als Angebot erscheint. Der Mensch soll selbst spüren können, ob diese neue Sichtweise etwas in ihm in Resonanz bringt.

Bedeutung entsteht immer im sozialen Kontext. Deshalb ist Reframing nicht nur eine Technik, sondern auch eine Haltung. Es bedeutet, offen zu bleiben für alternative Sichtweisen, bereit zu sein, Bewertungen zu hinterfragen und auch das Unangenehme mit Neugier zu betrachten. Wer reframet, verzichtet auf vorschnelles Urteilen und fragt stattdessen: „Was steckt noch dahinter? Was könnte ebenfalls wahr sein? Welche Geschichte wäre auch denkbar?"

Reframing wird besonders wirksam, wenn es mit Humor, Leichtigkeit und einem wohlwollenden Blick verbunden ist. Eine überforderte Mutter, die sagt: „Ich krieg gar nichts auf die Reihe!" und von der Beraterin hört: „Das zeigt mir, wie viel Ihnen Ihre Familie bedeutet" - kann plötzlich anders atmen. Oder ein Mensch, der sich für seine Unruhe schämt und eingeladen wird, sie als Suchbewegung zu verstehen - hin zu etwas, das noch nicht da ist. Solche Bedeutungsangebote sind keine Tricks. Sie sind Impulse für neue Beziehungen zur eigenen Geschichte. Auch in schwierigen oder schmerzhaften Kontexten kann Reframing hilfreich sein. Ein Verlust kann zur Erinnerung an Verbundenheit werden. Eine Krise kann als Wendepunkt erscheinen. Eine Irritation kann ein Hinweis auf ein Bedürfnis sein. Entscheidend ist nicht, dass das Neue sofort geglaubt oder übernommen wird. Entscheidend ist, dass es möglich wird, anders zu denken - und damit auch anders zu fühlen.

Reframing ist nicht immer leicht. Es braucht Fingerspitzengefühl, Achtsamkeit und ein gutes Gespür für den richtigen Moment. Wenn jemand noch tief im Schmerz steckt, kann ein vorschnelles Reframing verletzend wirken. Doch wenn die Zeit reif ist, wenn die Beziehung tragfähig ist und wenn das Gegenüber innerlich bereit ist, dann kann ein einziger neuer Satz eine Tür öffnen, die lange verschlossen war.

In der Praxis kann Reframing durch gezielte Fragen eingeleitet werden: „Wozu könnte das gut gewesen sein?" oder „Was würde ein Mensch sagen, der Ihre Stärke darin sieht?" Auch Metaphern, Geschichten oder Humor können helfen, neue Bedeutungen zu kreieren. Manchmal ist es auch das gemeinsame Staunen: „Spannend, dass Sie das so sehen. Ich hatte gerade einen anderen Gedanken dazu..."

Bedeutung geben heißt, Menschen wieder in Kontakt mit sich selbst zu bringen. Es heißt, ihnen zu helfen, sich selbst in einem anderen Licht zu sehen. Und es heißt, gemeinsam mit ihnen Geschichten zu entdecken, die nicht vom Mangel, sondern von Entwicklung erzählen. Wer Bedeutung gibt, anerkennt, dass jede Sichtweise nur eine von vielen ist. Und dass es heilsam sein kann, neue hinzuzufügen.

Reflexionsfragen

- Wann hast du zuletzt erlebt, dass eine neue Sichtweise deine Haltung verändert hat?
- Wie gehst du damit um, wenn dir jemand eine Bedeutung zuschreibt, die du nicht teilen kannst?
- Was hilft dir, im Gespräch offen zu bleiben für alternative Deutungen?
- Welche Bedeutung gibst du bestimmten Eigenschaften, die du an dir selbst kritisch siehst?
- Wie kannst du Menschen darin unterstützen, ihre eigene Geschichte neu zu erzählen?

Reframing bedeutet, einem Erleben, einer Aussage oder einem Verhalten einen neuen Rahmen zu geben. Es eröffnet andere Bedeutungen, schafft neue Sichtweisen und erweitert die Möglichkeiten des Denkens und Handelns. Reframing verändert nicht die Fakten, sondern die Perspektive. Damit wird Entwicklung möglich - nicht durch Druck, sondern durch Einladung. Systemisches Reframing ist Ausdruck einer Haltung, die mit Offenheit, Neugier und Wertschätzung nach Alternativen fragt. Es bietet neue Deutungen an, die entlasten, ermutigen und Beziehung fördern.

Metaphern, Geschichten und Bilder nutzen

Sprache ist mehr als Information. Sie ist ein Erfahrungsraum, ein Werkzeug des Verstehens und eine Brücke zwischen innerer Welt und äußerer Realität. In der systemischen Gesprächsführung spielen Metaphern, Geschichten und innere Bilder eine besondere Rolle. Sie helfen, komplexe Erfahrungen greifbar zu machen, sie entlasten vom reinen Problemerzählen und sie eröffnen eine Sprache, in der Entwicklung möglich wird. Wenn Worte fehlen, kann ein Bild sprechen. Wenn Logik blockiert, kann eine Geschichte öffnen. Wenn ein Problem starr erscheint, kann eine Metapher es in Bewegung bringen.

Metaphern ermöglichen, etwas zu sagen, ohne es direkt aussprechen zu müssen. Sie schaffen eine indirekte Ausdrucksform, die oft tiefer wirkt als eine analytische Beschreibung. Wer zum Beispiel sagt: „Ich fühle mich wie in einem Hamsterrad", benennt damit nicht nur Stress, sondern vermittelt ein ganzes inneres Erleben. Das ermöglicht Bewegung ohne Richtung, Wiederholung ohne Ziel, Erschöpfung ohne Fortschritt. Die Metapher wird zum Zugangstor für ein tieferes Gespräch. Sie macht erlebbar, was sonst nur schwer in Worte zu fassen ist.

Auch die Klärung von Veränderungen gelingt oft leichter über Bilder als über abstrakte Beschreibungen. Statt zu fragen: „Wie geht es Ihnen jetzt damit?", kann die Frage lauten: „Wenn Sie die Situation als Landschaft beschreiben müssten, wie sähe sie heute aus?" Oder: „Welches Tier beschreibt Ihre Stimmung gerade am besten?" Solche Fragen irritieren wohltuend, regen zum Nachdenken an und schaffen Raum für neue Ausdrucksformen. Sie sprechen nicht nur den Verstand an, sondern auch die Emotion, die Intuition, die Körperwahrnehmung.

Geschichten wirken ähnlich. Sie transportieren nicht nur Inhalte, sondern auch Bedeutungen, Werte, Deutungsmuster. Besonders wirkungsvoll sind kleine Gleichnisse, Parabeln oder Anekdoten, die ein Thema indirekt beleuchten. Wenn ein Mensch an sich zweifelt und eine Geschichte über einen vergrabenen Schatz unter dem eigenen Haus hört, entsteht Resonanz. Die Geschichte wirkt wie ein Spiegel: Vielleicht ist da etwas

Wertvolles, das ich übersehen habe. Vielleicht lohnt es sich, noch einmal anders zu graben.

Berater:innen können selbst Geschichten erzählen oder Gesprächspartner:innen einladen, eigene Bilder und Erzählungen zu entwickeln. Beides hat seinen Platz. Entscheidend ist, dass das Bild passt - zu der Person, zu ihrer Situation, zu ihrem inneren Rhythmus. Manchmal braucht es ein kräftiges Bild, manchmal ein zartes. Manchmal hilft Humor, manchmal Tiefe. Gute Metaphern erkennt man daran, dass sie etwas in Bewegung bringen.

Nicht selten entstehen Bilder spontan im Gespräch. Ein Satz fällt, der ein inneres Bild auslöst. „Das klingt, als würden Sie versuchen, ein Boot gegen den Strom zu rudern." Wenn das Gegenüber innerlich anspringt, ist es hilfreich, das Bild weiterzuentwickeln: „Wie sieht dieses Boot aus? Wer ist noch an Bord? Gibt es Ufer in Sicht?" So entstehen innere Szenen, die Orientierung geben und emotionale Klärung ermöglichen.

Manche Menschen bringen von sich aus Bilder mit: „Ich habe das Gefühl, ich trage einen Rucksack voller Steine." Hier kann nachgefragt werden: „Welche Steine genau? Welche könnten raus? Welche gehören gar nicht zu Ihnen?" Das Bild wird zur Karte für den weiteren Gesprächsverlauf. Es schafft Nähe, weil es nicht erklärt, sondern geteilt wird. Und es bleibt oft länger im Gedächtnis als abstrakte Analysen.

Auch körperbezogene Bilder sind wertvoll. „Wo im Körper spüren Sie dieses Gefühl? Wenn es eine Farbe hätte, welche wäre dies? Eine Bewegung?" Diese Fragen helfen, die Verbindung zwischen Erleben, Empfindung und innerem Bild zu stärken. Wer fühlt, was er sagt, und sieht, was er meint, kann leichter Veränderung denken.

Metaphern und Geschichten sind keine Dekorationen. Sie sind Werkzeuge der Beziehungsgestaltung. Wer gemeinsam ein Bild entwickelt, arbeitet nicht gegeneinander, sondern miteinander. Die Geschichte wird zur dritten Stimme im Raum. Das Bild wird zum gemeinsamen

Bezugspunkt. Es ermöglicht, über etwas zu sprechen, das noch kein klares Konzept hat, aber schon eine Form bekommen hat.

In der Praxis lassen sich Metaphern auch bewusst initiieren. Manche Berater:innen arbeiten mit Karten, Symbolen, Figuren oder kreativen Materialien. Andere erzählen regelmäßig kleine Geschichten, die ein Thema indirekt spiegeln. Wieder andere laden zu inneren Reisen ein, in denen innere Bilder bewusst erforscht und verändert werden. Die Vielfalt ist groß - und sie darf es auch sein. Wichtig ist, dass das Bild nicht drängt, sondern dient.

Die Kunst im Umgang mit Metaphern liegt darin, offen zu bleiben. Manchmal verliert ein Bild seine Wirkung, manchmal verändert es sich. Dann gilt es, es loszulassen oder weiterzuentwickeln. Eine Metapher ist kein Dogma. Sie ist ein Werkzeug, solange sie trägt. Wenn sie ausgedient hat, darf sie verblassen.

Auch das Wiedererzählen von Geschichten, die im Gespräch entstanden sind, kann ein wirkungsvolles Mittel sein. Wenn eine Person später erinnert wird an ihr eigenes Bild - „Wissen Sie noch, damals das Bild mit dem Baum, der neuen Wurzeln schlägt?" - dann entsteht nicht nur Wiedererkennen, sondern auch Kontinuität. Das Gespräch bekommt eine innere Linie, eine eigene Sprache.

Innere Bilder können auch bewusst zur Zielentwicklung eingesetzt werden. „Wenn Sie sich Ihr Ziel als Bild vorstellen, wie würde es aussehen?" Diese Visualisierung kann motivieren, konkretisieren und emotional verbinden. Wer ein Ziel fühlt und sieht, wird es eher in Angriff nehmen als jemand, der es nur gedanklich konstruiert.

Darüber hinaus können Geschichten auch in Gruppenprozessen oder Teams wirksam werden. Gemeinsame Bilder schaffen gemeinsame Bedeutung. Wenn ein Team über sich sagt: „Wir sind wie ein Schwarm Fische, jeder bewegt sich schnell, aber nicht immer gemeinsam", dann wird damit ein Prozess der Selbstreflexion eingeleitet, der nicht belehrend, sondern einladend wirkt.

Reflexionsfragen

- Welche Bilder, Metaphern oder Geschichten haben dich selbst schon einmal tief bewegt oder begleitet?
- Wie sicher fühlst du dich im Umgang mit sprachlichen Bildern im Beratungskontext?
- In welchen Situationen hast du erlebt, dass ein Bild mehr bewirkt als viele Worte?
- Wie kannst du Metaphern so einsetzen, dass sie als Einladung und nicht als Deutung erlebt werden?
- Welche eigenen Geschichten oder Bilder würdest du gerne mit anderen teilen und warum?
- Wann hast du zuletzt erlebt, dass eine Metapher im Gespräch eine neue Tür geöffnet hat?
- Wie gehst du damit um, wenn ein Bild für dein Gegenüber nicht stimmig ist?
- Welche Metapher beschreibt deine eigene Haltung in der Beratung?
- Wie kannst du den kreativen Umgang mit Bildern in deiner Praxis weiterentwickeln?
- Was ist dein ganz persönliches Lieblingsbild für Veränderung - und warum?

Metaphern, Geschichten und Bilder sind zentrale Werkzeuge in der systemischen Gesprächsführung. Sie ermöglichen es, komplexe innere Prozesse auszudrücken, emotional zu verarbeiten und neue Perspektiven zu entwickeln. Metaphern schaffen Abstand und Nähe zugleich. Geschichten berühren und inspirieren. Bilder machen das Unsagbare sichtbar. Gemeinsam eröffnen sie einen Erfahrungsraum, in dem Veränderung entstehen kann: kreativ, respektvoll und tiefgründig. Sie unterstützen Beziehung, Zielklärung, emotionale Integration und systemisches Denken gleichermaßen.

Vom Problem zur Lösung sprechen

Viele Gespräche beginnen mit einem Problem. Jemand kommt, weil etwas nicht mehr funktioniert, weil etwas zu viel oder zu wenig ist, weil etwas weh tut, fehlt oder überfordert. Das Problem ist der Anlass, nicht selten auch der Motor des Gesprächs. Und doch ist es nur der Anfang. In der systemischen Gesprächsführung ist das Ziel nicht, im Problem zu verharren, sondern gemeinsam Wege in Richtung Lösung zu eröffnen. Es geht darum, den Blick zu weiten, Spielräume zu erkennen, Ressourcen zu aktivieren und konkrete Veränderungen denkbar zu machen.

Das bedeutet nicht, dass Probleme bagatellisiert oder übergangen werden. Im Gegenteil: Sie werden ernst genommen, gewürdigt, verstanden und gleichzeitig als veränderbar betrachtet. Systemisches Denken weiß, dass kein Problem für sich allein steht. Es ist eingebettet in Beziehungen, Bedeutungen, Muster und Kontexte. Und gerade weil das so ist, gibt es auch mehr als eine Sichtweise. Mehr als eine Ursache. Mehr als einen Ausweg.

Vom Problem zur Lösung zu sprechen heißt, die Sprache des Mangels zu verwandeln in die Sprache der Möglichkeit. Statt zu fragen: „Warum ist das so schwer?" wird gefragt: „Was wäre ein erster Schritt, damit es leichter wird?" Statt zu analysieren: „Wie oft ist das schon gescheitert?" wird eingeladen zu überlegen: „Wann war es schon einmal ein bisschen besser?" Die Aufmerksamkeit wandert. Und mit ihr die Energie.

Sprache wirkt. Wer nur in Problemen spricht, erlebt sich oft auch problematisch. Wer dagegen beginnt, über Lösungen zu sprechen, erlebt sich plötzlich als handlungsfähig. Es ist ein Perspektivwechsel, der nicht künstlich erzeugt wird, sondern im Gespräch wachsen darf. Manchmal genügt eine kleine Verschiebung. Wenn das Problem nicht das Zentrum wäre, worauf würde sich dann die Aufmerksamkeit richten?

Lösungsorientiertes Sprechen heißt nicht, das Negative zu vermeiden. Es heißt, den Fokus zu verändern. Probleme dürfen da sein. Sie dürfen ausführlich beschrieben werden. Aber irgendwann stellt sich die Frage: Und nun? Was wünschen Sie sich stattdessen? Was soll anders werden? Woran würden Sie merken, dass sich etwas bewegt hat?

Viele Menschen sind es nicht gewohnt, in Lösungen zu denken. Sie haben gelernt, Schwierigkeiten genau zu beschreiben, Ursachen zu erforschen, Fehler zu analysieren. Diese Fähigkeiten sind wertvoll. Aber sie helfen nur bedingt, wenn es um Entwicklung geht. Die Kunst besteht darin, beides zu verbinden. Das Verstehen des Problems und das Entwerfen von Lösungen treten nebeneinander und ergänzen sich.

In der Praxis bedeutet das oft, die Sprache bewusst zu lenken. Wenn jemand sagt: „Ich bin so chaotisch", kann die Antwort sein: „Und woran würden Sie merken, dass etwas mehr Ordnung in Ihr Leben kommt?" Oder: „Wie gelingt es Ihnen trotz des Chaos, bestimmte Dinge gut zu bewältigen?" Es geht nicht darum, das Problem wegzuwischen, sondern es in einen anderen Kontext zu stellen. In einen, in dem Entwicklung möglich wird.

Der Übergang vom Problem zur Lösung gelingt besonders gut über Fragen, die das Gelungene sichtbar machen. Wann war es schon einmal ein bisschen besser? Wie haben Sie das geschafft? Wer hat Sie dabei unterstützt? Diese Fragen holen die Vergangenheit als Ressource in die Gegenwart. Sie zeigen: Es gab bereits andere Erfahrungen. Es gab Momente der Stärke, der Klarheit, der Verbindung. Sie sind nicht verschwunden. Sie waren nur nicht im Fokus.

Lösungsorientiertes Sprechen bedeutet auch, positive Differenzen zu würdigen. Wenn jemand berichtet: „Heute war es nicht ganz so schlimm wie sonst", kann das ein Einstieg sein. Was war heute anders? Was haben Sie dazu beigetragen? Was davon ließe sich wiederholen? Diese kleinen Veränderungen ernst zu nehmen, schafft Vertrauen. Und es stärkt das Gefühl von Selbstwirksamkeit.

Ein weiterer Weg vom Problem zur Lösung führt über Ziele. Wenn das Problem bekannt ist, kann gefragt werden: Was soll stattdessen sein? Wie möchten Sie sich fühlen? Was soll am Ende dieses Gesprächs anders sein als am Anfang? Ziele helfen, den Blick nach vorn zu richten. Sie schaffen Orientierung. Und sie machen Veränderung konkret.

Dabei geht es nicht um die perfekte Zieldefinition. Es geht um ein erstes Bild, einen inneren Kompass. „Wenn es leichter wäre, wie würde sich das anfühlen? Wenn mehr Klarheit da wäre, was würden Sie anders tun?" Solche Fragen laden ein, sich dem Gewünschten anzunähern. Ohne Druck. Ohne Anspruch auf Vollständigkeit. Einfach als Möglichkeit.

Auch in Gruppen- oder Teamsituationen lässt sich dieser Perspektivwechsel gestalten. Statt sich lange mit Schuldfragen aufzuhalten, kann gefragt werden: „Was funktioniert bereits? Was wünschen wir uns voneinander? Was wollen wir gemeinsam erreichen?" Das Gespräch wandert vom Defizit zur Vision. Vom Rechthaben zum Gestalten.

Wichtig ist, dass dieser Wechsel nicht erzwungen wird. Manche Menschen brauchen Zeit, um ihr Problem zu erzählen. Sie brauchen Raum für Schmerz, Wut, Enttäuschung. Und sie brauchen das Gefühl, gehört zu werden. Erst wenn das gelungen ist, kann ein Gespräch sich weiterentwickeln. Erst wenn die Not gesehen wurde, kann Hoffnung wachsen.

Vom Problem zur Lösung zu sprechen heißt also nicht, das Problem zu umgehen. Es heißt, es ernst zu nehmen und dann den nächsten Schritt zu gehen. Es heißt, sich nicht mit der Analyse zu begnügen, sondern auch den Blick zu heben. Hin zu dem, was möglich ist. Was ersehnt wird. Was vielleicht schon begonnen hat.

Lösungsorientiertes Denken ist ein Lernprozess. Es braucht Übung, Sensibilität und Vertrauen. In manchen Momenten kann eine einfache Frage Türen öffnen. In anderen Momenten braucht es Geduld und Wiederholung. Wichtig ist, dass Berater:innen eine Haltung einnehmen, die Entwicklung zutraut. Die davon ausgeht, dass Menschen wachsen können, auch wenn sie es selbst gerade nicht glauben.

Auch kleine Fragen können große Wirkung haben. Wenn jemand fragt: „Was würden Sie heute anders machen als gestern?" Oder: „Wenn morgen ein guter Tag werden soll, was müsste geschehen?" Dann entstehen erste Impulse, aus denen Lösungen wachsen können. Es sind diese kleinen Drehungen im Gespräch, die es ermöglichen, neue Richtungen einzuschlagen.

Manchmal ist es hilfreich, den Unterschied zwischen Problemgespräch und Lösungsgespräch explizit zu thematisieren. Berater:innen können sagen: „Wir haben jetzt sehr genau verstanden, wie belastend das ist. Dürfen wir jetzt gemeinsam überlegen, was helfen könnte?" Dadurch wird das Gegenüber eingeladen, in eine andere Ebene zu wechseln. Ohne Zwang. Aber mit einer klaren Einladung.

Auch das Umfeld spielt eine Rolle. Wer erlebt, dass andere an die eigene Veränderungsfähigkeit glauben, entwickelt oft selbst neue Kraft. Deshalb ist lösungsorientiertes Sprechen nicht nur eine Technik, sondern auch eine Beziehungsgeste. Es vermittelt: Ich glaube an deine Möglichkeiten. Ich traue dir Entwicklung zu. Ich begleite dich dabei.

Reflexionsfragen

- In welchen Gesprächssituationen bleibst du selbst eher beim Problem als bei der Lösung?
- Welche Sprache verwendest du, wenn du Probleme beschreibst und welche, wenn du über Lösungen sprichst?
- Wie gelingt es dir, den Fokus deines Gegenübers auf Ressourcen und Möglichkeiten zu lenken?
- Was hilft dir dabei, auch in schwierigen Gesprächen eine lösungsorientierte Haltung zu bewahren?
- Welche Fragen führst du gerne ein, wenn du den Übergang vom Problem zur Lösung gestalten möchtest?
- Welche Unterschiede spürst du in dir selbst, wenn du über Probleme oder über Lösungen sprichst?
- Wie kannst du Menschen darin unterstützen, eigene Lösungsideen zu entwickeln, ohne sie zu überfordern?
- Was brauchst du selbst, um dich in lösungsorientierter Sprache wohlzufühlen?

- Wie lässt sich die lösungsorientierte Haltung auch in kurzen Gesprächen oder Alltagssituationen bewahren?
- Welche Bedeutung hat es für dich, Entwicklung statt Defizit in den Mittelpunkt zu stellen?

Vom Problem zur Lösung sprechen bedeutet, den Fokus zu verschieben. Nicht um das Problem zu übergehen, sondern um Möglichkeiten zu eröffnen. Es geht darum, eine Sprache zu finden, die Hoffnung ermöglicht und Veränderung unterstützt. In der systemischen Gesprächsführung wird dieser Perspektivwechsel durch Fragen, durch wertschätzende Haltung und durch gezielte Sprachführung unterstützt. Das Ziel ist nicht, das Schwierige zu ignorieren, sondern ihm einen neuen Rahmen zu geben. So entsteht ein Raum, in dem sich Entwicklung entfalten kann.

Systemisches Zuhören und Resonanzfähigkeit

Zuhören ist mehr als die Abwesenheit von Sprechen. Wirkliches Zuhören ist eine Form der Beziehungsgestaltung. Es bedeutet, sich innerlich leer zu machen, präsent zu sein und die Welt des Gegenübers mit wachem, offenem Geist zu betreten. Diese Art des Zuhörens ist nicht nur eine Technik, sondern eine innere Haltung. Sie erfordert die Bereitschaft, den eigenen inneren Dialog für einen Moment leiser zu stellen, um das, was sich zeigt, wirklich wahrnehmen zu können.

In der systemischen Gesprächsführung ist Zuhören nicht passiv, sondern aktiv. Es ist ein aufmerksames Mitgehen, ein Mitschwingen mit den Bedeutungen, Bildern und Mustern, die sich in der Sprache der anderen Person zeigen. Es bedeutet auch, Leerstellen zu bemerken, Unausgesprochenes zu erspüren, Fragen zu stellen, die mehr dem Prozess dienen als einer schnellen Lösung. Zuhören heißt, dem Gegenüber Raum zu geben, sich zu entfalten, ohne gleich eingreifen zu müssen. Es ist ein aktives Dabeisein, das das Gespräch trägt, ohne es zu dominieren.

Systemisches Zuhören bedeutet, nicht nur auf Inhalte zu achten, sondern auch auf Bedeutungsrahmen, auf Sprachmuster, auf das, was nicht gesagt wird, aber mitschwingt. Es ist ein Lauschen mit allen Sinnen - auf Worte, auf Pausen, auf Gestik, auf Tonfall, auf Affekte. Dabei geht es nicht darum, möglichst schnell zu verstehen, sondern darum, sich berühren zu lassen von dem, was das Gegenüber gerade zeigt.

In der systemischen Praxis ist Zuhören immer mit der Fähigkeit zur Resonanz verbunden. Resonanz meint die Fähigkeit, innerlich mitzuschwingen, ohne sich zu verlieren. Sie beschreibt einen Zustand, in dem die Beraterin oder der Berater sich einlässt, aber nicht übernimmt. In Resonanz zu sein heißt, sich mit dem Gesagten zu verbinden, ohne es zu vereinnahmen. Es bedeutet, mit dem Herzen zu hören, ohne die eigene Mitte zu verlieren.

Resonanzfähigkeit erfordert eine bewusste Präsenz. Sie bedeutet, in der eigenen Wahrnehmung zu bleiben und gleichzeitig offen zu sein für die

Welt der anderen Person. Das kann bedeuten, im Gespräch innezuhalten, eine Regung im Gesicht des Gegenübers aufzunehmen, eine leise Irritation zu bemerken oder eine feine emotionale Veränderung zu erspüren. Resonanz ist kein Tun, sondern ein Zulassen. Sie geschieht, wenn wir bereit sind, uns von der Lebendigkeit des Gegenübers berühren zu lassen.

Systemisches Zuhören ist dialogisch. Es geht nicht nur darum, zu hören, sondern auch darum, wie das Gehörte aufgenommen, gespiegelt, verdichtet oder in neue Kontexte gestellt wird. Wer systemisch zuhört, hört auch auf Beziehungen, auf Kontexte, auf Verknüpfungen. Es ist ein aktives Hören, das nach Mustern fragt, nach Ausnahmen, nach Alternativen. Was wird gesagt? Was bleibt ungesagt? Welche Bedeutung könnte das haben? Und wie verändert sich die Geschichte, wenn wir sie aus einem anderen Blickwinkel betrachten?

Zuhören in diesem Sinn bedeutet auch, das Eigene zurückzustellen. Es erfordert die Fähigkeit, mit dem eigenen inneren Kommentator freundlich umzugehen, ohne sich von ihm bestimmen zu lassen. Gedanken wie „Das kenne ich auch", „Das ist unlogisch" oder „Das müsste man so oder so lösen" dürfen auftauchen - aber sie dürfen nicht das Gespräch übernehmen. Wer systemisch zuhört, entscheidet sich bewusst dafür, nicht sofort zu werten, sondern zunächst zu verstehen.

Zuhören ist ein Geschenk. In einer Welt voller Lärm, voller schneller Antworten und ständiger Ablenkung ist echtes Zuhören ein Zeichen von Respekt und Interesse. Viele Menschen erleben sich erst dann wirklich gesehen, wenn ihnen jemand zuhört, ohne sie zu unterbrechen, zu belehren oder zu analysieren. Zuhören schafft Verbindung. Es vermittelt: Du bist gemeint. Du darfst so sein, wie du bist. Ich bin hier.

Systemisches Zuhören öffnet den Raum für Veränderung. Es schafft einen Boden, auf dem sich Gedanken ordnen, Gefühle klären und neue Perspektiven auftauchen können. Oft ist es nicht der kluge Ratschlag, der etwas verändert, sondern das tiefe Gefühl, gehört worden zu sein. Wer wirklich zuhört, ermöglicht, dass sich das Gesagte verwandelt. Nicht selten entsteht erst im Erzählen - im Spiegel der Resonanz - ein neues Verständnis der eigenen Situation.

Diese Form des Zuhörens ist auch eine Haltung. Sie basiert auf Neugier, auf Nichtwissen, auf der Bereitschaft, sich überraschen zu lassen. Wer davon ausgeht, nichts zu wissen, ist offen für das, was entstehen will. Wer zuhört, um zu verstehen, statt zu antworten, ist nah dran an dem, was wirklich zählt. Diese Haltung zeigt sich nicht nur in Worten, sondern auch in der Körperhaltung, im Blick, in der Art zu atmen. Zuhören kann gespürt werden - es hat eine Qualität von Präsenz, die dem Gegenüber Sicherheit gibt. Menschen merken intuitiv, ob jemand wirklich zuhört oder nur wartet, bis er selbst wieder sprechen kann.

In der Praxis bedeutet systemisches Zuhören, sich nicht vorschnell in die Rolle der Lösungsanbieterin oder des Ratgebers zu begeben. Es heißt, bei der Erzählung des Gegenübers zu bleiben, dort zu verweilen, wo Bewegung spürbar wird, auch wenn sie sich noch nicht in Worte fassen lässt. Es bedeutet, die Geschwindigkeit des Anderen aufzunehmen und sich nicht von der eigenen Agenda leiten zu lassen. Zuhören wird so zu einer Form der Prozessbegleitung, die tiefer wirkt als viele Interventionen. Denn wer gehört wird, beginnt oft ganz von selbst, sich zu sortieren, zu erinnern, zu fühlen, zu verstehen. Zuhören ist eine leise Einladung zur Selbstbegegnung.

Reflexionsfragen

- Was bedeutet für dich echtes Zuhören?
- Wann fühlst du dich selbst wirklich gehört - und wie wirkt das auf dich?
- Wie gelingt es dir, im Gespräch präsent zu bleiben, auch wenn du innerlich abgelenkt bist?
- Welche Gedanken oder Impulse treten in dir auf, wenn du zuhörst - und wie gehst du mit ihnen um?
- Wie spürst du, dass du in Resonanz bist - und was verändert sich dadurch im Gespräch?

- Was hilft dir, das Gehörte nicht sofort zu bewerten, sondern erst einmal anzunehmen?
- In welchen Situationen fällt dir Zuhören schwer - und was könntest du darin lernen?
- Welche Haltung möchtest du weiter stärken, um noch tiefer zuhören zu können?

Systemisches Zuhören und Resonanzfähigkeit sind zentrale Qualitäten in jeder professionellen Gesprächsführung. Sie ermöglichen echte Verbindung, fördern Selbstklärung und schaffen einen Raum, in dem sich Veränderung entfalten kann. Wer mit offener Haltung zuhört, sich berühren lässt und gleichzeitig in der eigenen Präsenz bleibt, unterstützt nicht nur den Prozess der anderen Person - sondern wächst auch selbst in seiner eigenen kommunikativen Tiefe.

Zwischen den Zeilen hören

In jeder Art von Gespräch - sei es in der psychosozialen Beratung, im Verkaufsgespräch oder in einer anderen beruflichen Kommunikation - ist es von zentraler Bedeutung, nicht nur das zu hören, was direkt gesagt wird, sondern auch das, was unausgesprochen bleibt. Dies umfasst sowohl verbale als auch nonverbale Hinweise, die oft mehr über den inneren Zustand des Gesprächspartners verraten als die Worte selbst. Zwischen den Zeilen hören bedeutet, auf diese subtilen Signale zu achten und zu verstehen, was sie über die Gedanken, Gefühle und Bedürfnisse des Gesprächspartners aussagen. Diese Fähigkeit erfordert eine hohe Sensibilität und die Bereitschaft, nicht nur an der Oberfläche zu bleiben, sondern tiefere Bedeutungen zu ergründen. Der Begriff „zwischen den Zeilen hören" bezieht sich auf das Erfassen dieser verborgenen Informationen und das Verständnis dessen, was unter der Oberfläche liegt. In systemischen Gesprächen, sei es in der Beratung oder im Verkauf, ist diese Fähigkeit besonders wichtig, weil sie uns ermöglicht, tiefer in das erlebte System des Gesprächspartners einzutauchen.

Um zwischen den Zeilen zu hören, braucht es eine Kombination aus Empathie, Wahrnehmung und Klarheit. Oftmals wird in einem Gespräch weniger gesagt als das, was tatsächlich gefühlt wird. Der verbale Ausdruck ist nur die Spitze des Eisbergs, während sich darunter eine ganze Menge ungesagter Gedanken und Gefühle verbergen können. Ein einfaches „Mir geht es gut" könnte mehr über die zugrunde liegenden Sorgen und Ängste preisgeben als ein ausführliches Gespräch über Probleme. Diese unbewussten, verborgenen Ebenen des Gesprächs zu entschlüsseln, erfordert die Bereitschaft, auf das Unausgesprochene zu achten, die richtigen Fragen zu stellen und möglicherweise auch der Stille Raum zu geben. Dabei geht es nicht nur darum, die Worte zu hinterfragen, sondern auch die emotionale Färbung der Aussagen zu erkennen und in den Kontext des gesamten Gesprächs einzubeziehen.

Ein wichtiger Aspekt des „Zwischen den Zeilen Hörens" ist die Beobachtung des Tonfalls und des Sprechtempos. Der Tonfall eines Gesprächspartners kann viel über seine innere Verfassung aussagen. Ein schneller, hektischer Tonfall deutet oft auf Unsicherheit oder Stress hin, während ein langsamerer, tieferer Tonfall möglicherweise mit Nachdenklichkeit oder Trauer verbunden ist. Achten Sie darauf, wie sich der Tonfall im Verlauf des Gesprächs verändert. Ein Wechsel im Tempo kann auf eine Veränderung im emotionalen Zustand hinweisen, die für das Verständnis der zugrunde liegenden Dynamiken wichtig ist. Wenn ein Gesprächspartner bei der Erwähnung bestimmter Themen plötzlich schneller spricht oder gar stockt, kann dies ein Zeichen dafür sein, dass er oder sie mit diesen Themen innerlich kämpft. Ein Verkäufer, der feststellt, dass der Kunde bei der Preisnennung zögert oder ausweichend wird, kann hier aus den Pausen oder der Unsicherheit wichtige Rückschlüsse ziehen.

Körpersprache spielt eine ebenso große Rolle. Nonverbale Kommunikation, wie Gestik, Mimik und Körperhaltung, kann widersprüchliche Signale zu dem liefern, was verbal ausgedrückt wird. Ein Gesprächspartner, der sagt „Mir geht es gut", aber gleichzeitig den Kopf senkt und die Schultern hängen lässt, könnte eine tiefere Traurigkeit oder Frustration verbergen. Achten Sie genau auf die Haltung, die Gesten und die Augenbewegungen Ihrer Gesprächspartner. Diese nonverbalen Hinweise helfen dabei, die verborgenen Inhalte des Gesprächs zu erkennen und diese in den Gesprächsprozess zu integrieren. Der Körper spricht eine eigene Sprache und stellt oft die wahre Stimmung dar, die der Gesprächspartner nicht direkt in Worte fassen kann oder will. In einem Verkaufsgespräch könnte dies beispielsweise darauf hinweisen, dass der Kunde vielleicht nicht direkt nach einem Preis fragt, aber dennoch Zweifel oder Unzufriedenheit mit dem Angebot hat, was sich in der Körperhaltung widerspiegeln könnte.

Ein weiteres Zeichen für das „Zwischen den Zeilen Hören" sind Pausen und Wiederholungen. Wenn ein Gesprächspartner bei bestimmten Themen plötzlich schweigt oder wiederholt, was bereits gesagt wurde, können diese Pausen und Wiederholungen auf eine tiefere Bedeutung hinweisen. Solche Pausen sind keine bloßen Leerstellen, sondern signalisieren oft, dass der Gesprächspartner mit sich selbst oder mit dem Thema hadert. Es kann schwierig sein, die richtigen Worte zu finden, um schwierige oder schmerzhafte Themen anzusprechen, und die

Wiederholung von Aussagen kann darauf hinweisen, dass ein Thema noch nicht vollständig verarbeitet oder akzeptiert wurde. Hier ist es hilfreich, diese Pausen nicht einfach zu überbrücken, sondern ihnen Raum zu geben und nachzufragen, was genau der Gesprächspartner mit seinen wiederholten Aussagen oder der Pause ausdrücken möchte.

Zwischen den Zeilen zu hören bedeutet auch, zwischen den Worten zu lesen und nicht nur das auszusprechen, was der Gesprächspartner direkt meint. Das bedeutet, Widersprüche und Unklarheiten zu erkennen und zu hinterfragen. Ein Gesprächspartner, der sagt „Ich will die Veränderung wirklich", aber gleichzeitig in seiner Körpersprache oder durch seine Handlungen das Gegenteil signalisiert, könnte unbewusste Ängste oder Widerstände haben. Solche Widersprüche bieten einen Ansatzpunkt für eine vertiefte Auseinandersetzung und eine Klärung der inneren Konflikte des Gesprächspartners. Diese Widersprüche im Gespräch sind oft die Schlüssel zu einem tieferen Verständnis und ermöglichen es, unbewusste Muster zu erkennen und zu bearbeiten.

Es ist von großer Bedeutung, diese feinen, oft unsichtbaren Hinweise nicht zu ignorieren, sondern aktiv in den Gesprächsprozess einzubeziehen. Eine Technik, die hierbei hilft, ist das aktive Zuhören. Dabei geht es nicht nur darum, zuzuhören, sondern auch das Gesagte zu reflektieren und zu klären. Aktiv zuhören heißt, dem Gesprächspartner mit der gesamten Aufmerksamkeit zu begegnen und auch das Nichtgesagte zu bemerken. Es bedeutet, die emotionalen und mentalen Schwingungen der Worte wahrzunehmen und diese in die eigene Reaktion einfließen zu lassen. So können Sie als Beraterin oder Berater, Verkäufer oder in anderen beruflichen Kontexten das Gespräch in eine Richtung lenken, die es dem Gesprächspartner ermöglicht, auch das Unausgesprochene zu benennen und zu bearbeiten.

Ein weiteres hilfreiches Werkzeug ist das reflexive Zuhören, bei dem Sie das, was Sie gehört haben, in eigenen Worten wiedergeben und gleichzeitig die Emotionen und zugrunde liegenden Themen ansprechen. Diese Technik kann dabei helfen, die „Zwischen den Zeilen" liegenden Inhalte zu benennen und dem Gesprächspartner zu ermöglichen, diese bewusst zu reflektieren. Indem Sie aufmerksam zuhören und diese reflektierenden Rückmeldungen geben, schaffen Sie Raum für tiefere Einsichten und ein besseres Verständnis für die zugrunde liegenden Themen des Gesprächspartners.

Ein entscheidendes Element beim „Zwischen den Zeilen Hören" ist auch die Bereitschaft, sich auf das Unausgesprochene einzulassen und auf eine Ebene jenseits der Worte zu kommunizieren. Oft ist es genau dieser Raum zwischen den Worten, der eine neue, tiefere Verbindung ermöglicht und dem Gesprächspartner hilft, verborgene Aspekte seiner eigenen Erfahrungen zu erkennen. Ein Gespräch ist nie nur ein Austausch von Informationen, sondern auch eine tiefere Auseinandersetzung mit der inneren Welt des Gesprächspartners. Es geht darum, die Gedanken und Gefühle hinter den Worten zu spüren und zu deuten.

Reflexionsfragen:

- Wie achtest du in Gesprächen auf die nonverbalen Signale deiner Gesprächspartner?
- Welche Unterschiede nimmst du zwischen dem, was gesagt wird, und dem, was nicht gesagt wird, wahr?
- Wie gehst du mit widersprüchlichen Aussagen um, die du zwischen den Zeilen wahrnimmst?
- Welche Herausforderungen siehst du im aktiven Zuhören, wenn es darum geht, zwischen den Zeilen zu hören?
- Wie kannst du das Vertrauen deiner Gesprächspartner stärken, um unausgesprochene Themen in die Gespräche zu integrieren?

Das „Zwischen den Zeilen Hören" ist eine wesentliche Fähigkeit in jeder Art von Gespräch. Es geht darum, auf die verborgenen Aspekte eines Gesprächs zu achten und auch das Unausgesprochene zu verstehen. Indem Sie auf Tonfall, Körpersprache, Wortwahl und Pausen achten, können Sie tiefere Einsichten in die Emotionen und Gedanken Ihrer Gesprächspartner gewinnen. Dies erfordert Aufmerksamkeit, Empathie und gezieltes Nachfragen. Die Reflexion dieser unsichtbaren Themen ist ein Schlüssel zu einer erfolgreichen und ganzheitlichen Kommunikation.

Spiegeln, Zusammenfassen, Validieren

In jeder Form der Kommunikation - sei es in der psychosozialen Beratung, im Verkauf oder in anderen beruflichen Kontexten - sind Techniken wie Spiegeln, Zusammenfassen und Validieren wichtige Werkzeuge, um die Verbindung zum Gesprächspartner zu stärken, Missverständnisse zu vermeiden und das Vertrauen zu fördern. Diese Techniken ermöglichen es uns, die Perspektive des anderen besser zu verstehen und eine respektvolle und empathische Kommunikation zu fördern. Sie sind eng miteinander verbunden und ergänzen sich, um den Gesprächspartner in seiner Wahrnehmung zu bestärken und den Dialog zu vertiefen.

Das **Spiegeln** ist eine Technik, bei der die Aussagen des Gesprächspartners in eigenen Worten wiederholt oder direkt wiedergegeben werden, oft auch in ähnlicher Weise, aber mit einer leichten Anpassung. Diese Methode hat mehrere Zwecke. Zum einen zeigt sie dem Gesprächspartner, dass seine Worte gehört und verstanden wurden. Zum anderen hilft sie dabei, unbewusste Emotionen oder Gedanken zu erkennen, die möglicherweise nicht direkt ausgesprochen wurden. Ein einfaches Beispiel für Spiegeln in einem Gespräch könnte sein, wenn ein Klient sagt: „Ich weiß nicht, wie es weitergehen soll. Ich fühle mich ziemlich verloren." Die Antwort könnte dann lauten: „Du fühlst dich also im Moment verloren und weißt nicht, wie du weitermachen sollst." Auf diese Weise wird nicht nur die Aussage des Klienten wiedergegeben, sondern auch das Gefühl hinter der Aussage angesprochen. Dies fördert das Verständnis und die Verbindung und gibt dem Gesprächspartner Raum, tiefer über seine Gedanken und Gefühle nachzudenken. Es ist jedoch wichtig zu betonen, dass beim Spiegeln nicht das Ziel ist, unser Gegenüber nachzuäffen oder in einer übertriebenen Weise nachzuahmen. Ein übertriebenes Spiegeln, bei dem man die Worte des Gesprächspartners exakt im gleichen Ton oder mit einer betont gleichen Intonation wiederholt, könnte sogar schädlich für das Gespräch sein. Diese Art des Spiegelns kann als unhöflich oder spöttisch wahrgenommen werden, was das Vertrauen und die Verbindung zerstören kann. Stattdessen geht es beim Spiegeln darum, die Kernaussage und die dahinterliegenden Emotionen respektvoll und einfühlsam zu reflektieren. Der Schlüssel liegt in der Authentizität und Empathie, die dabei gezeigt wird.

Das Spiegeln kann auch in der Körpersprache angewendet werden. Dabei wird die Haltung oder Gestik des Gesprächspartners nachgeahmt, was oft zu einer besseren Verbindung und einem erhöhten Vertrauen führt. Diese Technik ist besonders im Verkauf von Bedeutung, da sie dem Kunden das Gefühl vermittelt, verstanden zu werden und auf gleicher Augenhöhe zu kommunizieren. Ein Verkäufer könnte unbewusst die Körperhaltung eines Kunden übernehmen, um Sympathie und Vertrauen zu erzeugen - eine Technik, die oft dazu beiträgt, eine offene und positive Gesprächsatmosphäre zu schaffen.

Das **Zusammenfassen** ist eine weitere Technik, die dazu dient, das Gespräch zu strukturieren und zu klären. Sie wird oft verwendet, um die wichtigsten Punkte eines Gesprächs zu wiederholen, um sicherzustellen, dass keine Missverständnisse entstanden sind und dass beide Parteien denselben Standpunkt verstehen. Zusammenfassen hat auch den Vorteil, dass es dem Gesprächspartner zeigt, dass seine Aussagen ernst genommen und in ihrer Gesamtheit verstanden werden. Ein Beispiel könnte sein, wenn ein Klient von einer Reihe von Problemen berichtet und der Berater am Ende des Gesprächs sagt: „Ich fasse noch einmal zusammen: Du hast erzählt, dass du Schwierigkeiten in deiner Beziehung hast, auch am Arbeitsplatz gibt es Herausforderungen, und du fühlst dich oft überfordert. Habe ich das richtig verstanden?" Dies ermöglicht dem Gesprächspartner, Korrekturen vorzunehmen oder zusätzliche Informationen hinzuzufügen, und sorgt dafür, dass beide Seiten auf demselben Stand sind. Zusammenfassen kann ebenfalls in einer Körpersprache erfolgen, indem ein Gesprächspartner in einer offenen und einladenden Haltung auf den anderen zugeht oder die verbale Zusammenfassung durch ein Nicken oder Augenkontakt unterstützt. Diese Technik fördert das Gefühl von Klarheit und Struktur, was besonders in langen oder komplexen Gesprächen von Bedeutung ist. In Verkaufsgesprächen beispielsweise kann eine klare Zusammenfassung der Bedürfnisse und Wünsche des Kunden dazu beitragen, Missverständnisse zu vermeiden und dem

Kunden zu zeigen, dass er verstanden wird, was die Wahrscheinlichkeit erhöht, dass er sich für ein Angebot entscheidet.

Das **Validieren** ist eine besonders wichtige Technik, um den Gesprächspartner zu unterstützen und seine Gefühle oder Aussagen anzuerkennen, auch wenn man selbst nicht immer derselben Meinung ist. Validierung bedeutet, das Erleben des Gesprächspartners zu bestätigen und ihm zu zeigen, dass seine Gefühle oder Gedanken verständlich sind, auch wenn sie nicht immer mit den eigenen Überzeugungen übereinstimmen. Es geht darum, zu signalisieren, dass die Perspektive des anderen anerkannt wird und dass seine Emotionen oder Gedanken real und nachvollziehbar sind. Ein Beispiel für Validierung könnte sein, wenn ein Klient sagt: „Ich fühle mich oft überfordert mit der Arbeit." Eine validierende Antwort wäre: „Es klingt, als ob du im Moment viel auf deinen Schultern trägst und das Gefühl hast, dass es schwer wird, alles zu bewältigen. Das ist verständlich, besonders wenn so viele Anforderungen auf dich einprasseln." Durch diese Antwort wird nicht nur das Gefühl des Gesprächspartners anerkannt, sondern auch das Verständnis für die Schwierigkeit, mit der er sich konfrontiert sieht, zum Ausdruck gebracht. Validierung ist ein besonders wirkungsvolles Werkzeug, um emotionale Blockaden zu lösen und den Gesprächspartner dazu zu ermutigen, sich weiter zu öffnen. In der psychosozialen Beratung oder in einem Verkaufsgespräch kann das Validieren von Ängsten oder Bedenken dazu beitragen, die emotionale Spannung zu lösen und ein offenes Gespräch zu ermöglichen. Ein Verkäufer könnte beispielsweise sagen: „Ich verstehe, dass du dir über den Preis Sorgen machst. Es ist ganz normal, solche Bedenken zu haben, besonders wenn es um größere Anschaffungen geht." Auf diese Weise wird dem Kunden das Gefühl gegeben, dass seine Bedenken ernst genommen werden, was ihm hilft, sich sicherer und eher bereit zu fühlen, eine Entscheidung zu treffen.

Das Spiegeln, Zusammenfassen und Validieren sind Techniken, die in ihrer Anwendung miteinander verknüpft sind und sich gegenseitig verstärken. Jede dieser Techniken hilft, Missverständnisse zu klären, das Vertrauen zu stärken und eine tiefere Verbindung zum Gesprächspartner herzustellen. In einem Verkaufsgespräch können diese Methoden dazu beitragen, das Vertrauen des Kunden zu gewinnen und eine positive Gesprächsatmosphäre zu schaffen. In der psychosozialen Beratung fördern sie das Gefühl der Akzeptanz und des Verständnisses, was zu einer tieferen Auseinandersetzung mit den Themen des Klienten führen kann.

Reflexionsfragen:

- In welchen Situationen hast du bereits das Spiegeln, Zusammenfassen oder Validieren angewendet? Wie hat der Gesprächspartner darauf reagiert?
- Wie kannst du diese Techniken in deinem Arbeitsalltag noch gezielter einsetzen, um ein besseres Verständnis und eine tiefere Verbindung zu deinem Gesprächspartner zu schaffen?
- Welche Herausforderungen siehst du in der Anwendung dieser Techniken? Gibt es spezielle Situationen, in denen du Schwierigkeiten hast, sie anzuwenden?
- Wie kannst du in schwierigen oder konfliktbeladenen Gesprächen das Validieren so einsetzen, dass der Gesprächspartner sich verstanden fühlt, auch wenn es Meinungsverschiedenheiten gibt?
- Welche Auswirkungen haben diese Techniken auf die Kommunikation in deinem beruflichen Umfeld? Hast du schon positive Veränderungen bemerkt?

Spiegeln, Zusammenfassen und Validieren sind wichtige Techniken, die in jeder Form der Kommunikation eingesetzt werden können, um das Verständnis zu vertiefen und eine respektvolle Verbindung zum Gesprächspartner aufzubauen. Durch das Spiegeln wird das Gesagte reflektiert, was dem Gesprächspartner das Gefühl gibt, gehört zu werden. Es ist dabei entscheidend, das Spiegeln nicht als Nachäffen zu verstehen - übermäßige Imitation könnte dem Gespräch schaden. Das Zusammenfassen sorgt für Klarheit und Struktur, indem es das Gespräch in seine wesentlichen Punkte gliedert. Die Validierung anerkennt die Perspektive des Gesprächspartners und unterstützt ihn in seiner Wahrnehmung, auch wenn es Unterschiede gibt. Diese Techniken fördern das Vertrauen, klären Missverständnisse und ermöglichen eine tiefere und empathischere Kommunikation.

Umgang mit schwierigen Gesprächssituationen

Schwierige Gesprächssituationen gehören zum Alltag jeder beratenden, begleitenden oder unterstützenden Tätigkeit. Sie sind nicht die Ausnahme, sondern oft Ausdruck der Komplexität menschlicher Beziehungen. Wenn Menschen sich öffnen, wenn es um Verletzlichkeit, Erwartungen, Kränkungen oder tiefe Ängste geht, kann Kommunikation herausfordernd werden. Es entstehen Spannungen, Missverständnisse, Widerstände oder auch unangenehme Emotionen. Die systemische Gesprächsführung geht davon aus, dass gerade in diesen Momenten Entwicklung möglich ist, wenn sie mit Haltung, Präsenz und Methodenkompetenz begleitet werden.

Was eine Gesprächssituation schwierig macht, ist nie nur das Verhalten des Gegenübers. Schwierigkeit entsteht im Zusammenspiel, in der Beziehung, im Kontext. Eine gereizte Bemerkung, ein plötzlicher Rückzug, ein emotionaler Ausbruch - all das kann irritieren, verunsichern oder triggern. Doch wie damit umgegangen wird, hängt entscheidend von der inneren Haltung ab. Systemisch denkende Menschen gehen nicht in die Konfrontation, sondern in die Beobachtung. Sie fragen sich: Was passiert hier gerade? Was zeigt sich unter der Oberfläche? Welche Bedeutung könnte diese Reaktion haben?

Es gibt keine Patentrezepte für schwierige Gespräche. Aber es gibt Prinzipien, die Orientierung geben. Das erste ist die innere Klarheit. Wer sich selbst gut kennt, wer seine eigenen Reaktionsmuster wahrnimmt, kann in heiklen Situationen besser präsent bleiben. Es hilft, sich immer wieder selbst zu beobachten: Was löst diese Aussage in mir aus? Welche Gefühle steigen in mir auf? Und was brauche ich, um ruhig und zugewandt zu bleiben?

Ein zweites Prinzip ist die Zugewandtheit. Schwierige Situationen werden nicht leichter, wenn man ihnen ausweicht. Aber sie werden oft lösbarer, wenn man ihnen mit Echtheit und Respekt begegnet. Ein Satz wie „Das war jetzt irritierend für mich" kann mehr bewirken als ein sachlicher Monolog. Offenheit lädt das Gegenüber ein, sich ebenfalls zu zeigen. Es entsteht ein Raum, in dem das Schwierige nicht bedrohlich, sondern klärend wirken kann.

Ein drittes Prinzip ist die Struktur. Gerade in konflikthaften oder emotional überladenen Gesprächen braucht es eine klare Gesprächsführung. Das bedeutet nicht, dominant zu sein. Es bedeutet, Halt zu geben. Klare Rahmen, verständliche Zielsetzungen und transparente Abläufe helfen, Orientierung zu schaffen. Menschen fühlen sich sicherer, wenn sie wissen, woran sie sind. Und sie öffnen sich eher, wenn sie merken, dass jemand den Überblick behält.

Auch das Tempo spielt eine Rolle. Schwierige Gespräche brauchen Zeit. Nicht jede Irritation muss sofort gelöst, nicht jede Spannung sofort entschärft werden. Manchmal ist es hilfreich, kurz zu pausieren, nachzufragen, zu spiegeln. Sätze wie „Ich merke, das war gerade ein sensibler Punkt. Wollen wir kurz innehalten?" können das Gespräch entschleunigen und vertiefen. Zeit ist nicht nur ein äußeres, sondern auch ein inneres Angebot.

Eine besondere Herausforderung sind aggressive, abwertende oder übergriffige Gesprächsverläufe. Hier gilt es, Grenzen klar und respektvoll zu setzen. Systemische Gesprächsführung heißt nicht, alles zuzulassen. Es heißt, auch das Störende als Teil des Systems zu betrachten - aber nicht auf Kosten des eigenen Wohlbefindens. Ein klarer Satz wie „Ich bin bereit, weiter mit Ihnen zu sprechen, wenn wir respektvoll bleiben" zeigt Haltung ohne Härte. Es geht um Schutz und Klarheit, nicht um Macht.

Widerstand ist ein weiteres Phänomen schwieriger Gespräche. Menschen sagen Nein, weichen aus, brechen Kontakt ab oder stellen alles infrage. Systemische Gesprächsführung sieht Widerstand nicht als Problem, sondern als Signal. Es zeigt, dass etwas Wichtiges im Raum ist. Vielleicht Angst, vielleicht Unsicherheit, vielleicht eine nicht erkannte Dynamik. Die Frage lautet nicht: Wie beseitige ich den Widerstand? Sondern: Was will er mir sagen? Was schützt er? Was fordert er heraus?

Humor kann ein wertvoller Begleiter sein. Nicht der zynische, ironische Humor, der Distanz schafft, sondern der warmherzige, mitfühlende Humor, der Nähe ermöglicht. Ein leises Lächeln, ein wohlwollender Kommentar, ein überraschender Vergleich - all das kann helfen, Spannung zu lösen. Lachen öffnet das Herz. Und wer miteinander lacht, verliert oft die Angst vor dem Anderen.

Auch die Fähigkeit zur Selbstreflexion ist zentral. Nach schwierigen Gesprächen lohnt es sich, innezuhalten: Was hat mich gefordert? Was war hilfreich? Wo bin ich an meine Grenzen gekommen? Diese Fragen stärken nicht nur die persönliche Entwicklung, sondern auch die Professionalität. Denn schwierige Situationen sind keine Störung der Arbeit. Sie sind Teil davon. Und sie sind eine Einladung, an sich selbst zu arbeiten.

Reflexionsfragen

- Welche Gesprächssituationen hast du in Erinnerung, die dich besonders gefordert haben?
- Wie reagierst du, wenn du dich persönlich angegriffen fühlst?
- Welche innere Haltung hilft dir, in herausfordernden Momenten präsent zu bleiben?
- Wie kannst du in angespannten Gesprächen Struktur und Sicherheit geben?
- Was brauchst du, um auch mit Widerstand oder Ablehnung gut umgehen zu können?
- Wann ist es dir gelungen, eine schwierige Gesprächssituation produktiv zu wenden?
- Wie gehst du mit deinen eigenen Grenzen in Konfliktgesprächen um?
- Welche Rolle spielt Humor für dich in herausfordernden Gesprächen?
- Wie unterstützt du dich selbst nach besonders fordernden Begegnungen?
- Was möchtest du für deinen Umgang mit schwierigen Gesprächen weiterentwickeln?

Der Umgang mit schwierigen Gesprächssituationen ist ein zentraler Bestandteil professioneller Kommunikation. Es braucht Selbstwahrnehmung, Struktur, Echtheit und die Bereitschaft, Spannungen nicht als Bedrohung, sondern als Entwicklungsimpuls zu sehen. Systemisch zu arbeiten bedeutet, Schwierigkeiten als Ausdruck von Beziehung zu begreifen und ihnen mit Respekt, Klarheit und Neugier zu begegnen. Wer bereit ist, das Schwierige nicht zu vermeiden, sondern zu gestalten, eröffnet Räume für echte Begegnung und Veränderung.

Gesprächsführung bei Widerstand

Widerstand ist kein Zeichen von Scheitern, sondern ein Signal, das gehört werden will. In der systemischen Gesprächsführung gilt Widerstand nicht als Störung, sondern als wertvolle Information. Wenn Menschen sich verschließen, widersprechen, ausweichen oder blockieren, zeigen sie damit, dass etwas in ihnen nicht mitgehen kann oder will. Vielleicht ist der Zeitpunkt nicht stimmig, vielleicht die Art des Vorgehens, vielleicht steht eine unbewusste Angst im Raum. Widerstand ernst zu nehmen, ohne ihn zu bekämpfen, ist eine der feinsten und zugleich wirkungsvollsten Formen professioneller Gesprächsführung.

Ein häufiger Fehler im Umgang mit Widerstand ist es, dagegenzuhalten. Wer auf Druck mit Gegendruck reagiert, verstärkt oft die Abwehr. Das Gespräch verliert an Offenheit, der Dialog wird starrer und das Vertrauen schwindet. Stattdessen lädt systemisches Arbeiten dazu ein, mit dem Widerstand in Beziehung zu treten, ihn als Signal zu betrachten und nicht als Hindernis. Was zeigt sich da gerade? Welche Botschaft könnte darin liegen? Welche Bedürfnisse oder Befürchtungen verbergen sich möglicherweise hinter der ablehnenden Haltung? Was braucht mein Gegenüber, um sich wieder öffnen zu können, ohne sich selbst zu verlieren?

Diese Haltung der neugierigen Zugewandtheit verändert das Gesprächsklima grundlegend. Sie schafft einen Rahmen, in dem nicht reagiert, sondern verstanden wird. Wenn Widerstand nicht als Konfrontation gesehen wird, sondern als Ausdruck innerer Ambivalenz, entsteht Raum für Reflexion und Selbstklärung. Statt vorschnell zu intervenieren, geht es darum, mit dem Widerstand in einen achtsamen Dialog zu treten. Das bedeutet, ihn nicht sofort zu interpretieren, sondern Fragen zu stellen, die Entwicklung ermöglichen. Was wird hier gerade geschützt? Wovor warnt dieses Nein? Und wie könnte aus diesem Impuls ein Beitrag zum gemeinsamen Prozess werden? Wer so denkt, begegnet nicht dem Widerstand, sondern dem Menschen dahinter.

Widerstand kann sich in ganz unterschiedlichen Formen zeigen. Manche Menschen reagieren mit offenen Einwänden. Andere ziehen sich zurück, sprechen weniger, wirken unbeteiligt. Wieder andere suchen ständig nach Auswegen, ironisieren das Gespräch oder stellen die Kompetenz der beratenden Person infrage. All diese Verhaltensweisen sind Ausdruck innerer Prozesse, die gesehen und verstanden werden wollen. Wer hier mit Ruhe, Klarheit und echtem Interesse reagiert, schafft die Voraussetzung für eine neue Gesprächsebene.

Es kann hilfreich sein, Widerstand zu benennen, ohne ihn zu bewerten. Ein Satz wie „Ich habe den Eindruck, dass Sie mit einem Teil von dem, was wir gerade besprechen, nicht ganz einverstanden sind. Liege ich da richtig?" öffnet die Tür zu einer Klärung, ohne zu konfrontieren. Menschen erleben sich dadurch ernst genommen. Sie merken, dass sie sich nicht verstellen müssen, dass auch ihre Ambivalenz einen Platz haben darf. Die Einladung zur Rückmeldung ist dabei kein rhetorisches Mittel, sondern ein Ausdruck aufrichtigen Interesses. Durch solch eine Formulierung wird ein Raum eröffnet, in dem Widerspruch und Zustimmung gleichzeitig existieren dürfen. Das Gespräch wird dadurch nicht unterbrochen, sondern vertieft.

Diese Art, Widerstand zur Sprache zu bringen, wirkt deeskalierend und respektvoll. Sie macht deutlich, dass es im Gespräch nicht um richtig oder falsch geht, sondern um das gemeinsame Verstehen. Wenn jemand spürt, dass sein inneres Zögern nicht übergangen, sondern gehört wird, kann sich daraus Vertrauen entwickeln. Es ist ein Zeichen von professioneller Haltung, nicht über den Widerstand hinwegzugehen, sondern ihn bewusst und feinfühlig anzusprechen. Gerade in sensiblen Momenten braucht es diese Gesprächsqualität, die nicht bewertet, sondern erfragt. Die Haltung dahinter lautet: Auch das Nein darf sein, und wir schauen gemeinsam, was es uns sagen möchte. So wird Widerstand nicht zum Hindernis, sondern zum Einstieg in einen echten Dialog.

In der Gesprächsführung bei Widerstand geht es darum, das Tempo zu achten. Nichts zu erzwingen. Widerstand braucht Zeit, Raum und manchmal auch Stille. Wenn jemand zögert, darf das Zögern als Teil des Prozesses gewürdigt werden. Wenn jemand sagt „Ich weiß es nicht", ist das vielleicht keine Ausweichbewegung, sondern der ehrliche Ausdruck innerer

Suchbewegung. Wer hier nicht vorschnell interveniert, sondern mitgeht, begleitet Entwicklung statt sie zu kontrollieren.

Systemische Gesprächsführung achtet auch auf die Sprache. Formulierungen wie „Ich möchte Sie zu nichts überreden" oder „Sie entscheiden selbst, was für Sie passt" können entlastend wirken. Sie nehmen den Druck aus der Situation und stärken die Autonomie des Gegenübers. Das Gefühl, selbst bestimmen zu dürfen, ist ein wirksames Gegengewicht gegen innere oder äußere Widerstände.

Ein weiterer Schlüssel ist die Arbeit mit inneren Anteilen. Manchmal sagt ein Teil Ja und ein anderer Teil Nein. Beide Stimmen haben ihre Berechtigung. Wenn eine Person zögert, etwas zu tun, kann die Frage lauten: „Was würde der Teil in Ihnen sagen, der noch zurückhaltend ist? Und was sagt der Teil, der neugierig wäre, es auszuprobieren?" Diese Perspektive ermöglicht es, den inneren Dialog zu externalisieren und dadurch produktiver zu gestalten.

Auch Fragen, die dem Widerstand eine positive Funktion zuschreiben, können klärend wirken. „Wozu könnte dieser Widerstand gut sein?" „Was schützt er möglicherweise?" „Welche Sorge steckt vielleicht dahinter?" Solche Fragen zeigen Respekt vor dem inneren Erleben des Gegenübers. Sie laden ein, nicht gegen den Widerstand zu arbeiten, sondern mit ihm. Aus dem Störfaktor wird ein Verbündeter.

Widerstand kann auch Ausdruck einer unklaren Zielsetzung sein. Wenn Menschen nicht wissen, wozu sie in ein Gespräch gekommen sind oder was sie erwarten dürfen, entsteht Unsicherheit. Klare Kontraktgespräche zu Beginn, transparente Rahmenbedingungen und regelmäßige Zwischenbilanzierungen helfen, diesen Unsicherheiten vorzubeugen. Es geht darum, Orientierung zu geben, ohne etwas vorzugeben.

Ein gelassener Umgang mit Widerstand erfordert innere Stabilität. Wer sich persönlich betroffen fühlt oder den Widerstand als Angriff erlebt, verliert leicht die professionelle Haltung. Deshalb ist es wichtig, auch auf sich selbst zu achten. Nach einem herausfordernden Gespräch kann eine kurze Reflexion hilfreich sein. Was war mein Anteil? Was hat mich getriggert? Was nehme ich daraus mit? Diese Form der Selbstklärung schützt vor Überforderung und stärkt die eigene Entwicklung.

Manchmal hilft es, mit Metaphern zu arbeiten, um Widerstand zu entlasten. Wenn jemand sehr zögerlich wirkt, kann ein Satz wie „Vielleicht stehen Sie gerade mit einem Fuß auf dem Gas und mit dem anderen auf der Bremse" mehr bewirken als jede sachliche Erklärung. Solche Bilder eröffnen emotionale Zugänge, ohne zu verletzen. Sie schaffen ein Dazwischen, in dem sich Ambivalenz zeigen darf, ohne bewertet zu werden.

Widerstand ist oft Ausdruck von innerem Ringen. Ein Mensch möchte sich vielleicht auf den Weg machen, spürt aber gleichzeitig alte Ängste, Loyalitäten oder Schuldgefühle. In solchen Fällen hilft es, das Ringen sichtbar zu machen, ohne es auflösen zu wollen. „Klingt, als wären da zwei Kräfte in Ihnen, die gerade nicht dieselbe Richtung einschlagen." Diese Art der Spiegelung stärkt die Selbstbeobachtung und lädt zu mehr Selbstmitgefühl ein.

Auch die Körpersprache kann Hinweise auf inneren Widerstand geben. Ein plötzlicher Blick zur Seite, eine verschränkte Haltung, ein Zucken in der Stimme - das alles sind Signale, die gehört werden wollen. Wer diese Zeichen mit feinem Gespür aufnimmt, kann sie respektvoll in Sprache bringen. „Ich habe gerade das Gefühl, dass Sie sich innerlich ein wenig zurückziehen. Wollen wir kurz innehalten?" Solche Interventionen wirken oft klärend und beziehungsstärkend.

In der Begleitung von Veränderungsprozessen sind Rückschritte, Zweifel und Gegenbewegungen normal. Widerstand ist Teil des Weges, nicht sein Scheitern. Systemisch zu arbeiten heißt, genau das anzuerkennen und zu integrieren. Es bedeutet, auch die Bewegungslosigkeit als Bewegung zu verstehen. Denn selbst das Nein hat eine Richtung - und wer sie erkennt, kann daraus ein Gespräch über Möglichkeiten machen.

Reflexionsfragen

- Wie reagierst du innerlich, wenn dir Widerstand begegnet?
- Welche Arten von Widerstand verunsichern dich besonders?
- Wie kannst du den Widerstand deines Gegenübers als Einladung zum Verstehen nutzen?
- Was hilft dir, in herausfordernden Gesprächen gelassen und offen zu bleiben?
- Wie unterstützt du Menschen darin, ihre eigenen Ambivalenzen ernst zu nehmen?
- Welche Sprache verwendest du, um Widerstand anzusprechen, ohne zu bewerten?
- Wie achtest du auf dein eigenes Tempo, wenn es im Gespräch nicht vorangeht?
- Was bedeutet es für dich, mit statt gegen den Widerstand zu arbeiten?
- Welche inneren Anteile kennst du aus deinem eigenen Erleben, wenn du Widerstand spürst?
- Wie kannst du deinen professionellen Raum auch in konflikthaften Momenten aufrechterhalten?
- Wie gelingt es dir, aus einem zähen Nein ein verstehendes Vielleicht zu machen?
- Welche Bilder oder Metaphern nutzt du, um mit Widerstand sanft ins Gespräch zu kommen?
- Was hat dir in vergangenen Gesprächen geholfen, wenn du selbst in inneren Widerstand geraten bist?
- Was möchtest du weiterentwickeln, um Widerstand künftig noch sensibler und wirkungsvoller zu begleiten?

Gesprächsführung bei Widerstand bedeutet, das Nein nicht als Abwehr, sondern als Ausdruck eines inneren Prozesses zu verstehen. Widerstand will nicht zerstören, sondern schützen. Er zeigt, dass etwas nicht im Einklang ist. Systemische Gesprächsführung begegnet dem mit Respekt, Geduld und Neugier. Statt zu überzeugen oder zu überreden, wird eingeladen und begleitet. Der Umgang mit Widerstand wird so zur Chance, Beziehung zu vertiefen und Entwicklung möglich zu machen. Wer den

Widerstand nicht bekämpft, sondern versteht, erkennt in ihm oft das Tor zu tieferer Einsicht, zu emotionaler Klärung und zu nachhaltigem Wandel. Je weniger wir versuchen, ihn zu überwinden, desto eher lässt er sich wandeln.

Umgang mit Schweigen, Projektionen und Übertragungen

Schweigen, Projektionen und Übertragungen sind feine, aber kraftvolle Phänomene in der zwischenmenschlichen Kommunikation. In der systemischen Gesprächsführung sind sie keine Störungen, sondern Hinweise auf innere Prozesse. Sie laden dazu ein, genauer hinzuschauen, langsamer zu werden und die Beziehungsebene in den Fokus zu rücken. Wer diese Signale zu deuten weiß, kann in der Tiefe wirksam werden. Nicht durch Analyse, sondern durch Präsenz, Resonanz und eine Haltung achtsamer Offenheit. Diese Haltung erfordert Geduld, Selbstkontrolle und ein tiefes Vertrauen in das, was sich im Nicht-Gesagten zeigt.

Schweigen wird oft als Unsicherheit oder Verweigerung gedeutet. Doch in Wirklichkeit kann Schweigen vieles sein: ein Ausdruck von Scham, Überforderung, innerer Bewegung oder dem Bedürfnis, Worte erst zu finden. Manchmal ist Schweigen sogar ein Zeichen von Vertrauen, weil der Raum gehalten wird, ohne ihn sofort füllen zu müssen. Professionelle Gesprächsführung erkennt den Wert des Schweigens und überstürzt nichts. Statt es zu brechen, kann das Schweigen benannt werden. „Ich merke, dass gerade viel Stille da ist. Wollen wir einen Moment einfach damit sein?" Oder: „Was geht Ihnen durch den Kopf, während wir hier gemeinsam schweigen?"

Schweigen kann auch Schutz sein. In schwierigen Gesprächen, bei tiefen Themen oder in Momenten emotionaler Überflutung hilft es manchmal mehr, einfach da zu sein als zu sprechen. Wer das Schweigen aushält, bietet Sicherheit. Und wer es versteht, als Ausdruck innerer Bewegung zu lesen, kann sehr viel erfahren, ohne dass Worte fallen müssen. In der systemischen Praxis kann Schweigen somit zur Ressource werden. Als Raum für Selbstkontakt, für Integration, für respektvolle Zurückhaltung. Es kann auch ein Anzeichen für Verarbeitung sein, ein Zeichen dafür, dass das Gesagte in der Tiefe wirkt, bevor neue Worte entstehen können.

In manchen Fällen zeigt sich durch Schweigen eine verdeckte Dynamik im Beziehungsgeschehen. Vielleicht spiegelt das Schweigen einen inneren

Rückzug, eine alte Erfahrung von Nicht-Gesehen-Werden oder ein Bedürfnis nach Kontrolle. In solchen Momenten ist es hilfreich, das Schweigen nicht nur als individuelles Verhalten zu betrachten, sondern auch als Beziehungsangebot. Vielleicht braucht das Gegenüber gerade das Gefühl, selbst zu entscheiden, wann es sich wieder öffnet. Vielleicht entsteht erst durch das Aushalten des Schweigens eine neue Form von Vertrauen.

Projektionen gehören zum Menschsein. Wir alle schreiben anderen Eigenschaften, Motive oder Haltungen zu, die mehr mit uns selbst zu tun haben als mit der Realität. In der Beratung zeigt sich das oft in Form von Zuschreibungen wie „Sie verstehen mich sowieso nicht" oder „Sie sind auch wie mein Vater". Solche Sätze wirken manchmal irritierend oder sogar verletzend. Doch wer sie als Projektion erkennt, kann damit arbeiten, ohne sich verteidigen zu müssen. Es geht darum, das Beziehungsmuster zu verstehen, nicht die Zuschreibung zu widerlegen.

In der Gesprächsführung kann es hilfreich sein, Projektionen zu spiegeln. „Es klingt, als würde ich bei Ihnen eine bestimmte Rolle einnehmen. Dürfen wir gemeinsam anschauen, wie sich das anfühlt?" Oder: „Was glauben Sie, was ich über Sie denke, und was macht das mit Ihnen?" Solche Fragen schaffen Distanz zur Projektion und machen sie bewusst. Die Person kann sich dadurch von alten Bildern lösen und neue Beziehungserfahrungen machen. Der Moment, in dem eine Projektion erkannt wird, ist oft auch ein Moment der Befreiung. Das Gegenüber kann anfangen, sich selbst und die Beziehung differenzierter wahrzunehmen.

Projektionen können auch Hinweise auf unerfüllte Bedürfnisse oder unerledigte innere Themen sein. Wenn jemand wiederholt bestimmte Eigenschaften auf andere überträgt, kann das ein Versuch sein, ungelöste innere Konflikte zu externalisieren. Die systemische Haltung fragt hier nicht: „Ist das wahr?", sondern: „Wofür könnte das stehen?" und „Was ist in diesem Bild über Sie selbst enthalten?" Diese Fragen eröffnen Räume der Selbstreflexion, ohne zu konfrontieren.

Übertragungen sind eng mit Projektionen verbunden. Sie entstehen oft unbewusst und sind Wiederholungen früherer Beziehungsmuster, die in der aktuellen Begegnung reaktiviert werden. In der Beratung kann das bedeuten, dass die beratende Person als autoritär, überkritisch, übergriffig oder im Gegenteil als rettend, idealisierend oder allwissend erlebt wird, ohne dass dies der Realität entspricht. Auch hier gilt: Nicht gegensteuern, sondern wahrnehmen, benennen und erforschen. Die Übertragung zeigt nicht nur etwas über die Beziehung, sondern auch über die Geschichte des Menschen, der sie vollzieht.

Der Umgang mit Übertragungen erfordert eine hohe Selbstwahrnehmung. Wer merkt, dass er in eine Rolle gedrängt wird, die nicht stimmig ist, kann dies mit Klarheit und Wertschätzung thematisieren. „Mir kommt vor, dass ich gerade eine sehr wichtige Rolle in Ihrem inneren System spiele. Wollen wir gemeinsam schauen, welche Bedeutung das für Sie hat?" Solche Interventionen wirken klärend und stärken die Beziehung. Sie ermöglichen es, sich aus alten Mustern zu befreien und neue Beziehungserfahrungen zu machen. In diesen Momenten entsteht oft eine besondere Tiefe im Gespräch. Nicht, weil ein Problem gelöst wird, sondern weil eine Beziehung geklärt wird.

Auch Gegenübertragungen, also die Reaktionen der beratenden Person auf die Klientin oder den Klienten, sind bedeutsam. Wenn sich plötzlich Ärger, Hilflosigkeit oder besonders starke Fürsorge zeigt, lohnt es sich, innezuhalten. „Was löst dieses Verhalten in mir aus?" „Was wird da in mir angesprochen, das vielleicht mehr mit mir selbst als mit der Situation zu tun hat?" Die Fähigkeit zur Selbstreflexion ist hier entscheidend, um nicht unbewusst in Rollen zu rutschen, die der Beziehung nicht guttun. Wer seine eigenen inneren Bewegungen kennt, kann bewusster entscheiden, wie er im Kontakt präsent bleiben will.

In all diesen Phänomenen, Schweigen, Projektion und Übertragung, liegt ein großes Potenzial. Sie sind Ausdruck innerer Dynamiken, die gesehen, gespiegelt und respektvoll integriert werden wollen. Wer mit ihnen arbeiten kann, schafft Tiefe und Authentizität im Gespräch. Nicht durch viele Worte, sondern durch Präsenz, durch ein feines Gespür für

Zwischentöne, durch die Bereitschaft, sich auch auf das Unausgesprochene einzulassen. Die Kunst liegt darin, die Sprache der Beziehung zu hören, auch wenn sie leise ist oder sich in Bildern, Spannungen oder Pausen zeigt.

Reflexionsfragen

- Wie gehst du mit Schweigen im Gespräch um?
- Wann erlebst du Schweigen als schwierig und wann als wertvoll?
- Wie erkennst du Projektionen in der Kommunikation?
- Was hilft dir, Zuschreibungen nicht persönlich zu nehmen?
- Wie reagierst du, wenn du dich in einer bestimmten Rolle wiederfindest, die dir nicht entspricht?
- Was tust du, wenn du merkst, dass sich in dir eine Gegenübertragung zeigt?
- Wie kannst du die Themen hinter Schweigen, Projektionen oder Übertragungen zugänglich machen?
- Welche Haltung unterstützt dich, mit Unausgesprochenem in Kontakt zu bleiben?
- Wie stärkst du deine Fähigkeit, in komplexen Beziehungssituationen klar und präsent zu bleiben?
- Was ist dein inneres Bild für gute Präsenz im Gespräch, auch in Momenten der Unsicherheit?

Der professionelle Umgang mit Schweigen, Projektionen und Übertragungen verlangt Achtsamkeit, Geduld und Selbstreflexion. Diese Phänomene sind keine Hindernisse, sondern Hinweise auf tiefere Prozesse. Sie eröffnen den Raum für echtes Verstehen, für Beziehungsklärung und für heilsame Entwicklung. Wer sich ihnen nicht entzieht, sondern sie mit Ruhe und Neugier begrüßt, schafft einen Gesprächsraum, in dem sich Menschen in ihrer Ganzheit zeigen können. Das Unsichtbare bekommt einen Platz. Und manchmal beginnt genau dort, wo die Worte fehlen, der Beginn eines echten Kontakts.

Gespräche mit „schwierigen" Klient:innen führen

Nicht alle Gespräche verlaufen reibungslos. Manche Begegnungen fordern uns heraus, irritieren oder berühren uns an eigenen wunden Punkten. Wenn Menschen in einer Weise kommunizieren, die uns emotional mitnimmt, abwehrend erscheint oder schwer zugänglich wirkt, sprechen wir oft von „schwierigen" Klient:innen. Doch was macht eine Person wirklich schwierig? Und wie können wir in solchen Begegnungen professionell, zugewandt und klar bleiben?

Aus systemischer Sicht sind es nie die Menschen an sich, die schwierig sind. Es sind die Dynamiken, die sich zwischen uns entfalten. Eine Klientin, die auf jede Frage mit Schweigen reagiert, ein Klient, der alles zerredet, jemand, der ständig konfrontiert oder abwertet, all das sind Ausdrucksformen innerer Prozesse, nicht Persönlichkeitsmerkmale. Systemisches Denken lädt dazu ein, hinter das Verhalten zu schauen. Es geht darum, nicht vorschnell zu bewerten, sondern wahrzunehmen, zu interpretieren und einzuordnen. Jedes Verhalten macht in einem bestimmten Kontext Sinn, auch wenn es auf den ersten Blick irritierend wirkt. Es kann eine Schutzreaktion sein, eine Strategie zur Grenzziehung oder ein Versuch, Kontrolle über eine als unsicher erlebte Situation zu gewinnen. Wenn wir uns fragen, was sich durch dieses Verhalten auszudrücken versucht, betreten wir einen Raum der Neugier, in dem Beziehung möglich wird. Was wird hier sichtbar? Wofür könnte dieses Verhalten stehen? Welche Geschichte könnte dahinter liegen? Was wird kommuniziert, auch wenn es auf den ersten Blick schwer zugänglich erscheint?

In Gesprächen mit sogenannten schwierigen Klient:innen ist die eigene Haltung entscheidend. Wer beginnt, sich überfordert, angegriffen oder hilflos zu fühlen, läuft Gefahr, die professionelle Distanz zu verlieren. Der erste Schritt ist deshalb die Selbstwahrnehmung: Was passiert gerade in mir? Welche Gedanken, Gefühle, Körperreaktionen treten auf? Diese Reflexion hilft, bewusst zu bleiben, statt automatisch zu reagieren. Sie ermöglicht es, innezuhalten und zwischen Reiz und Reaktion einen Raum zu schaffen. In diesem Raum liegt die Chance, die eigenen automatisierten Muster zu unterbrechen und eine bewusste, angemessene Antwort zu finden.

Selbstwahrnehmung bedeutet auch, die eigenen Werte, Trigger und Grenzen zu kennen. Was bringt mich aus der Ruhe? Welche Dynamiken machen mich unsicher? Welche Themen berühren mich stärker als andere? Diese Fragen helfen, die eigene innere Landkarte zu kennen. Nur wer sich selbst gut kennt, kann in schwierigen Momenten ruhig und präsent bleiben. Professionelle Gesprächsführung erfordert nicht emotionale Unberührbarkeit, sondern emotionale Achtsamkeit.

Wenn wir unsere eigenen Reaktionen bewusst wahrnehmen, können wir sie nicht nur regulieren, sondern auch als Informationsquelle nutzen. Vielleicht zeigt das Gefühl der Hilflosigkeit, dass etwas im Kontakt nicht stimmig ist. Vielleicht weist ein innerer Widerstand darauf hin, dass gerade eine alte Erfahrung angetriggert wird. Diese Signale sind wertvoll. Nicht als Warnung, sondern als Einladung zur Selbstklärung. Indem wir uns selbst in der Beziehung beobachten, stärken wir unsere Fähigkeit, mit dem Gegenüber in echter Resonanz zu bleiben.

Eine gute Methode im Umgang mit schwierigen Gesprächsdynamiken ist das Prinzip der Dezentrierung. Es bedeutet, nicht alles auf sich selbst zu beziehen. Wenn eine Person ärgerlich, abwertend oder kontrollierend auftritt, ist das oft ein Hinweis auf eine tieferliegende Geschichte. Vielleicht wurde sie in der Vergangenheit nicht gehört, oft abgewertet oder musste sich ihren Platz erkämpfen. Vielleicht hat sie in früheren Beziehungen erlebt, dass nur durch Lautstärke oder Kontrolle Aufmerksamkeit erlangt werden konnte. Wenn wir das Verhalten in diesen größeren Kontext stellen, können wir mitfühlender bleiben, ohne uns auf die Dynamik einzulassen.

Dezentrierung bedeutet auch, sich selbst nicht als alleinige Ursache für eine Reaktion zu verstehen. Es schafft innerlich Abstand, ohne die Beziehung zu kappen. Durch diese Haltung wird es möglich, dem Gegenüber mit Respekt zu begegnen, selbst wenn das Verhalten verletzend oder unangenehm erscheint. Die Frage ist nicht, was das Verhalten mit uns macht, sondern was es über den inneren Zustand der anderen Person aussagt. Diese Haltung unterstützt uns auch dabei, die professionelle Perspektive zu bewahren. Wir sehen die Person nicht nur in ihrer Rolle im Gespräch, sondern in ihrem gesamten psychosozialen Kontext. Wir erkennen, dass wir Teil eines Systems sind, das mitgestaltet, aber nicht alleinverantwortlich ist. In schwierigen Momenten kann genau dieser Blickwechsel helfen, nicht in Verteidigung oder Rückzug zu geraten, sondern offen und gleichzeitig geschützt zu bleiben. So entstehen nicht nur Möglichkeiten zur Deeskalation, sondern auch zur echten Verbindung.

Ein weiterer wichtiger Aspekt ist die Rahmung des Gesprächs. Gerade bei Menschen, die sehr viel reden, immer wieder vom Thema abschweifen oder starke Kontrolle über den Gesprächsverlauf ausüben, ist eine klare Struktur hilfreich. Es kann entlastend wirken, gemeinsam einen zeitlichen Rahmen und ein konkretes Ziel zu definieren. Auch Vereinbarungen wie „Darf ich Sie unterbrechen, wenn wir abschweifen?" können helfen, ein Gefühl von Sicherheit und Orientierung zu schaffen.

Wenn sich Widerstand zeigt, also Abwehr, Rückzug oder offene Konfrontation, ist es hilfreich, dies nicht als Problem, sondern als Signal zu verstehen. Widerstand zeigt oft, dass etwas Wichtiges im Raum ist. Vielleicht fühlt sich die Person überfordert, nicht verstanden oder fürchtet einen Kontrollverlust. Solche Momente laden dazu ein, die Beziehungsebene zu stärken. Ein Satz wie „Ich habe den Eindruck, dass das gerade nicht gut für Sie passt - möchten wir kurz innehalten?" kann mehr bewirken als jede inhaltliche Intervention.

Auch Humor, wenn er behutsam und respektvoll eingesetzt wird, kann deeskalierend wirken. Ein leichtes Schmunzeln, eine entlastende Bemerkung, ein gemeinsames Lachen über eine absurde Situation - all das schafft Nähe und kann helfen, Spannung abzubauen. Wichtig ist, dass der Humor nicht auf Kosten des Gegenübers geht, sondern verbindend wirkt.

Ein häufiger Fehler im Umgang mit schwierigen Klient:innen ist es, in eine übermäßige Helferhaltung zu geraten. Wer sich bemüht, es dem Gegenüber recht zu machen, verliert leicht die professionelle Klarheit. Das

Bedürfnis, hilfreich zu sein, kann sich unbewusst in den Vordergrund drängen und zu einer Haltung führen, in der eigene Grenzen vernachlässigt und die Verantwortung für Veränderung einseitig übernommen wird. Die Folge ist oft eine unausgewogene Beziehung, in der das Gegenüber sich entweder entlastet oder entmündigt fühlt.

Systemische Gesprächsführung lädt dazu ein, in Beziehung zu sein, ohne sich zu verstricken. Dies bedeutet, empathisch zu bleiben, ohne sich selbst zu verlieren. Es bedeutet, die Verantwortung für Veränderung dort zu belassen, wo sie hingehört - bei der Person, die Unterstützung sucht. Unterstützen heißt nicht, alles zu übernehmen, sondern Räume zu öffnen, in denen neue Sichtweisen und Handlungsmöglichkeiten entstehen können. Es ist in Ordnung, nicht auf jede Frage sofort eine Antwort zu haben, nicht auf jede Provokation einzugehen, nicht alles lösen zu wollen. Gerade in der Abgrenzung liegt oft die größte Wertschätzung, weil sie dem Gegenüber signalisiert: Ich traue dir etwas zu. Ich bin an deiner Seite, aber ich nehme dir nichts ab, was du selbst gestalten kannst. In diesem Sinne wird professionelle Zurückhaltung zur Einladung für Eigenverantwortung und Entwicklung.

Wenn starke Emotionen auftreten - Wut, Tränen, Verzweiflung - ist es hilfreich, Raum dafür zu geben, ohne sich von der Dynamik mitreißen zu lassen. Präsenz bedeutet hier, einfach da zu sein. Nicht zu interpretieren, nicht zu bewerten, sondern zu halten. „Ich spüre, dass da gerade viel in Bewegung ist - wollen wir einen Moment damit sein, bevor wir weitersprechen?" Solche Sätze schaffen Sicherheit und zeigen, dass alles da sein darf.

Auch die Arbeit mit Metaphern oder Bildern kann in schwierigen Gesprächssituationen helfen. Wenn Worte fehlen oder das Gespräch festgefahren ist, kann ein Bild neue Perspektiven eröffnen. „Wie fühlt sich diese Situation an - eher wie ein enger Raum oder wie ein langer Weg?" Solche Fragen laden das Gegenüber ein, sich innerlich zu sortieren, ohne sich erklären zu müssen.

In der Reflexion über schwierige Gespräche ist es wichtig, sich selbst gegenüber freundlich zu bleiben. Nicht jedes Gespräch wird leicht verlaufen. Nicht jede Dynamik lässt sich sofort klären. Professionelle Haltung bedeutet nicht, immer souverän zu bleiben, sondern sich auch die eigene Menschlichkeit zuzugestehen. Es ist hilfreich, nach einem herausfordernden Gespräch innezuhalten: Was hat mich berührt? Was habe ich über mich gelernt? Und was nehme ich mit für das nächste Mal?

Reflexionsfragen

- Welche Art von Gesprächsdynamik fordert dich besonders heraus?
- Wie reagierst du innerlich, wenn dein Gegenüber sehr kontrollierend, abwertend oder konfrontativ ist?
- Was hilft dir, in herausfordernden Gesprächen präsent und professionell zu bleiben?
- Welche Strategien nutzt du, um Gespräche zu strukturieren, ohne dein Gegenüber zu bevormunden?
- Wie gehst du mit dem Wunsch um, helfen zu wollen, wenn dies zur Überforderung führt?
- Wie findest du nach einem schwierigen Gespräch wieder in deine eigene Mitte zurück?
- Welche Haltung unterstützt dich dabei, auch in unangenehmen Gesprächssituationen empathisch zu bleiben?
- Was möchtest du im Umgang mit sogenannten schwierigen Klient:innen noch weiterentwickeln?

Gespräche mit als schwierig erlebten Klient:innen fordern unsere Haltung, unsere Präsenz und unsere Fähigkeit zur Selbstregulation. Nicht das Verhalten an sich ist das Problem, sondern die Dynamik, die entsteht. Wer bereit ist, hinter das Verhalten zu schauen, statt es zu bewerten, kann Kontakt herstellen - auch da, wo es zunächst schwierig scheint. Professionelle Gesprächsführung bedeutet in solchen Momenten, klar zu bleiben, sich nicht zu verstricken, das Beziehungsgeschehen zu reflektieren und auch in Spannungen Entwicklungspotenzial zu sehen.

Schlussgedanken: Der Weg zu authentischer Kommunikation

Nachdem wir nun verschiedene Aspekte der systemischen Gesprächsführung beleuchtet haben, ist es an der Zeit, einen Schritt zurückzutreten und über das Gelesene nachzudenken. Die Techniken, die du in diesem Buch kennengelernt hast, das Zuhören zwischen den Zeilen, das Spiegeln, Zusammenfassen und Validieren sowie die vielen verschiedenen Fragen, die den Dialog bereichern, sind mehr als nur Werkzeuge. Sie sind eine Einladung, auf eine neue, tiefere Weise mit anderen zu kommunizieren und Beziehungen zu gestalten.

Systemische Gesprächsführung ist nicht nur eine Technik, sondern eine Haltung. Sie verlangt von uns, den anderen als Experten für seine eigene Situation zu sehen, anstatt sofort Lösungen anzubieten. Es geht darum, Perspektiven zu erweitern, neue Blickwinkel zu eröffnen und den Gesprächspartner in seiner eigenen Entfaltung zu unterstützen. Es ist eine Einladung, gemeinsam Lösungen zu erarbeiten, die individuell und nachhaltig sind, Lösungen, die nicht von außen diktiert, sondern gemeinsam entdeckt werden.

Doch was bedeutet das für dich und deine Kommunikation? Wie wirst du das Gelernte in deinem Alltag anwenden? Welche Veränderungen kannst du in deinen Gesprächen und Beziehungen erwarten, wenn du die systemische Haltung in dein Gesprächsverhalten integrierst? Vielleicht ist es ein bewusstes Zuhören, ein achtsames Wahrnehmen von Pausen und nonverbalen Signalen, die dir bis jetzt vielleicht entgangen sind. Vielleicht ist es das Mutigsein, Fragen zu stellen, die neue Perspektiven eröffnen und den Gesprächspartner auf seinem eigenen Weg begleiten. Oder es ist das Vertrauen in den Gesprächspartner, dass er oder sie die Antworten bereits in sich trägt, und du ihm oder ihr dabei hilfst, diese Antworten zu finden.

Es ist wichtig zu betonen, dass der Weg zur wirklichen Veränderung nicht über Nacht erfolgt. Die Anwendung systemischer Gesprächsführung erfordert Übung und Geduld. Du wirst sicherlich auf Herausforderungen stoßen, Momente, in denen du unsicher bist, wie du ein Gespräch lenken sollst, oder in denen es schwieriger ist, den richtigen Moment zum Spiegeln oder Validieren zu finden. Das ist normal. Wie bei jeder neuen Fähigkeit braucht es Zeit, um sie zu meistern. Doch je mehr du übst, desto natürlicher wird es, diese Techniken in deinem Gesprächsalltag anzuwenden. Sie werden dir helfen, deine Kommunikation auf eine neue Ebene zu heben und deine Beziehungen, sei es im beruflichen Kontext oder im persönlichen Umfeld, zu vertiefen.

Ich lade dich ein, über das Gelesene nachzudenken und zu reflektieren, wie du das Konzept der systemischen Gesprächsführung in deinem eigenen Leben umsetzen kannst. Wo kannst du anfangen, gezielt zuzuhören? Welche Fragen kannst du stellen, um den Dialog zu bereichern und neue Perspektiven zu eröffnen? Wann fällt es dir besonders schwer, die systemische Haltung zu bewahren? Und was kannst du tun, um in solchen Momenten dennoch eine offene und respektvolle Kommunikation aufrechtzuerhalten?

Reflexion ist ein wesentlicher Bestandteil des Lernprozesses. Indem du regelmäßig innehältst und über deine Gespräche nachdenkst, wirst du immer klarer sehen, welche Auswirkungen diese Haltung auf deine Kommunikation hat. Du wirst feststellen, dass du nicht nur deine Gesprächstechniken, sondern auch deine Fähigkeit zur Empathie und zum Verständnis weiterentwickelst. Der Erfolg in der systemischen Gesprächsführung ist nicht nur ein technisches Ziel, sondern auch ein persönlicher Entwicklungsprozess, der dich zu einer aufmerksamen, respektvollen und lösungsorientierten Gesprächspartnerin oder einem Gesprächspartner macht.

Ich hoffe, dass dieses Buch dir nicht nur praktische Werkzeuge an die Hand gegeben hat, sondern auch eine neue Perspektive auf Kommunikation und zwischenmenschliche Interaktion eröffnet hat. Der Weg der systemischen Gesprächsführung ist ein kontinuierlicher Lernprozess, der sich mit jedem Gespräch weiterentwickelt. Mit jedem Gespräch, das du führst, wirst du ein Stück besser darin, zuzuhören, zu verstehen und lösungsorientiert zu begleiten. Und das ist eine Reise, die sich nicht nur für dich, sondern auch für alle, mit denen du sprichst, lohnt.

Möge dieses Buch dir als wertvolle Ressource dienen, um deinen eigenen Weg in der systemischen Gesprächsführung zu finden und zu gehen. Ich wünsche dir viel Freude und Erfolg auf dieser Reise, sowohl in deinen Gesprächen als auch in deinem persönlichen Wachstum.